ŒUVRES
DE
MOLIERE,
NOUVELLE ÉDITION

Enrichie de Figures en taille-douce.

TOME SECOND.

A AMSTERDAM,
AUX DÉPENS DE LA COMPAGNIE.

M. DCC. LXXII.

SGANARELLE,
OU
LE COCU
IMAGINAIRE,
COMÉDIE.

TABLE

Des Pieces contenues en ce Volume.

SGANARELLE ou LE COCU IMAGINAIRE.
DOM GARCIE DE NAVARRE, ou LE PRINCE JALOUX.
L'ÉCOLE DES MARIS.
LES FACHEUX.
L'ÉCOLE DES FEMMES.

ACTEURS.

GORGIBUS, Bourgeois.
CELIE, Fille de Gorgibus.
LELIE, Amant de Célie.
GROS-RENÉ, Valet de Lélie.
SGANARELLE, Bourgeois & Cocu imaginaire.
LA FEMME de Sganarelle.
VILLEBREQUIN, Pere de Valere.
LA SUIVANTE de Célie.
UN PARENT de la femme de Sganarelle.

La Scene est dans une place publique.

LE COCU IMAGINAIRE

SGANARELLE,
OU
LE COCU
IMAGINAIRE,
COMÉDIE.

ACTE PREMIER.

SCENE PREMIERE.
GORGIBUS, CELIE, LA SUIVANTE
de Célie.

CELIE *sortant toute éplorée.*

H, n'espérez jamais que mon cœur y consente!
GORGIBUS.
Que marmotez-vous-là, petite impertinente.
Vous prétendez choquer ce que j'ai résolu?
Je n'aurai pas sur vous un pouvoir absolu,

A 2

LE COCU IMAGINAIRE,

Et, par sottes raisons, votre jeune cervelle
Voudroit régler ici la raison paternelle ?
Qui de nous deux à l'autre a droit de faire loi ?
A votre avis, qui mieux, ou de vous, ou de moi,
O sotte, peut juger ce qui vous est utile ?
Par la corbleu, gardez d'échauffer trop ma bile ;
Vous pourriez éprouver, sans beaucoup de longueur,
Si mon bras sait encor montrer quelque vigueur.
Votre plus court sera, Madame la mutine,
D'accepter sans façon l'époux qu'on vous destine.
*J'ignore, dites-vous, de quelle humeur il est,
Et dois auparavant consulter, s'il vous plaît :*
Informé du grand bien qui lui tombe en partage,
Dois-je prendre le soin d'en savoir davantage ?
Et cet époux, ayant vingt mille bons ducats,
Pour être aimé de vous, doit-il manquer d'appas ?
Allez, tel qu'il puisse être, avecque cette somme
Je vous suis caution qu'il est très-honnête homme.

CELIE.
Hélas !

GORGIBUS.
Hé bien hélas ! que veut dire ceci ?
Voyez le bel hélas ! qu'elle nous donne ici ?
Hé ! que si la colere une fois me transporte,
Je vous ferai chanter hélas de belle sorte.
Voilà, voilà le fruit de ces empressemens
Qu'on vous voit nuit & jour à lire vos romans ;
De quolibets d'amour votre tête est remplie,
Et vous parlez de Dieu, bien moins que de Célie.
Jettez-moi dans le feu tous ces méchans écrits,
Qui gâtent tous les jours tant de jeunes esprits ;
Lisez-moi comme il faut, au lieu de ces sornettes,
Les quatrains de Pibrac, & les doctes tablettes
Du Conseiller Matthieu, l'ouvrage est de valeur,
Et plein de beaux dictons à reciter par cœur.
La guide des pécheurs est encore un bon livre ;
C'est-là qu'en peu de tems on apprend à bien vivre;
Et si vous n'aviez lu que ces moralités,

COMÉDIE.

Vous sauriez un peu mieux suivre mes volontés.
CELIE.
Quoi ! vous prétendez donc, mon pere, que j'ou-
  blie
La constante amitié que je dois à Lélie ?
J'aurois tort, si sans vous je disposois de moi ;
Mais vous-mêmes à ses vœux engageâtes ma foi.
GORGIBUS.
Lui fut-elle engagée encore davantage,
Un autre est survenu, dont le bien l'en dégage.
Lélie est fort bien fait ; mais apprends qu'il n'est rien
Qui ne doive céder au soin d'avoir du bien,
Que l'or donne aux plus laids certains charmes pour
  plaire,
Et que sans lui le reste est une triste affaire.
Valere, je crois bien, n'est pas de toi chéri ;
Mais, s'il ne l'est amant, il le sera mari.
Plus que l'on ne le croit, ce nom d'époux engage,
Et l'amour est souvent un fruit du mariage.
Mais suis-je pas bien fait de vouloir raisonner,
Où de droit absolu j'ai pouvoir d'ordonner ?
Treve donc, je vous prie, à vos impertinences.
Que je n'entende plus vos sottes doléances.
Ce gendre doit venir vous visiter ce soir,
Manquez un peu, manquez à le bien recevoir ;
Si je ne vous lui vois faire fort bon visage,
Je vous..... Je ne veux pas en dire davantage.

SCENE II.

CÉLIE, LA SUIVANTE *de Célie.*

LA SUIVANTE.

Quoi ! refuser, Madame, avec cette rigueur
Ce que tant d'autres gens voudroient de tout leur cœur ?
A des offres d'hymen répondre par des larmes,
Et tarder tant à dire un oui si plein de charmes ?
Hélas, que ne veut-on aussi me marier !
Ce ne seroit pas moi qui se feroit prier ;
Et, loin qu'un pareil oui me donnât de la peine,
Croyez que j'en dirois bien vite une douzaine.
Le précepteur qui fait répéter la leçon
A votre jeune frere, a fort bonne raison,
Lorsque, nous discourant des choses de la terre,
Il dit que la femelle est ainsi que le lierre,
Qui croît beau tant qu'à l'arbre il se tient bien serré,
Et ne profite point s'il en est séparé.
Il n'est rien de plus vrai, ma très-chere maîtresse,
Et je l'éprouve en moi, chétive pécheresse.
Le bon Dieu fasse paix à mon pauvre Martin ;
Mais j'avois, lui vivant, le teint d'un chérubin,
L'embonpoint merveilleux, l'œil gai, l'ame contente,
Et maintenant je suis ma commere dolente.
Pendant cet heureux tems, passé comme un éclair,
Je me couchois sans feu dans le fort de l'hiver ;
Sécher même les draps me sembloit ridicule ;
Et je tremble à présent dedans la canicule.
Enfin, il n'est rien tel, Madame, croyez moi,
Que d'avoir un mari la nuit auprès de soi,
Ne fut-ce que pour l'heur d'avoir qui vous salue

COMEDIE. 7

D'un, Dieu vous soit en aide, alors qu'on éternue.
CELIE.
Peux-tu me conseiller de commettre un forfait,
D'abandonner Lélie, & prendre ce malfait ?
LA SUIVANTE.
Votre Lélie aussi n'est ma foi qu'une bête,
Puisque si hors de tems son voyage l'arrête ;
Et la grande longueur de son éloignement
Me le fait soupçonner de quelque changement.
CELIE *lui montrant le portrait de Lélie.*
Ah ! ne m'accable point par ce triste présage.
Vois attentivement les traits de ce visage,
Ils jurent à mon cœur d'éternelles ardeurs ;
Je veux croire après tout qu'ils ne sont pas menteurs,
Et que, comme c'est lui que l'art y représente,
Il conserve à mes feux une amitié constante.
LA SUIVANTE.
Il est vrai que ces traits marquent un digne amant,
Et que vous avez lieu de l'aimer tendrement.
CELIE.
Et cependant il faut.... Ah ! Soutiens-moi.
(Laissant tomber le portrait de Lélie.)
LA SUIVANTE.
Madame,
D'où vous pourroit venir.... Ah, bons dieux, elle pâme !
Hé ! Vîte, holà quelqu'un.

SCENE III.
CELIE, SGANARELLE, LA SUIVANTE *de Célie.*

SGANARELLE.

Qu'eſt-ce donc ? Me voilà.
LA SUIVANTE.
Ma maîtreſſe ſe meurt.
SGANARELLE.
Quoi, n'eſt-ce que cela ?
Je croyois tout perdu de crier de la ſorte ;
Mais approchons pourtant. Madame, êtes-vous
   morte ?
Ouais ? Elle ne dit mot.
LA SUIVANTE.
Je vais faire venir
Quelqu'un pour l'emporter, veuillez la ſoutenir.

SCENE IV.
CELIE, SGANARELLE, LA FEMME *de Sganarelle.*

SGANARELLE *en paſſant la main ſur le ſein de Celie.*

Elle eſt froide par-tout, & je ne ſçais qu'en dire.
Approchons-nous pour voir ſi ſa bouche reſpire.
Ma foi, je ne ſçais pas ; mais j'y trouve encor moi
Quelque ſigne de vie.
LA FEMME *de Sganarelle regardant par la fenêtre.*

COMÉDIE.

Ah ! Qu'eſt-ce que je voi ?
Mon mari, dans ſes bras.... Mais je m'en vais
   deſcendre.
Il me trahit ſans doute, & je veux le ſurprendre.

SGANARELLE.

Il faut ſe dépêcher de l'aller ſecourir,
Certes, elle auroit tort de ſe laiſſer mourir.
Aller en l'autre monde eſt très-grande ſottiſe,
Tant que dans celui-ci l'on peut être de miſe.

(*Il la porte chez elle.*)

SCENE V.

LA FEMME *de Sganarelle ſeule.*

IL s'eſt ſubitement éloigné de ces lieux,
Et ſa fuite a trompé mon deſir curieux :
Mais de ſa trahiſon je ne ſuis plus en doute,
Et le peu que j'ai vu me la découvre toute.
Je ne m'étonne plus de l'étrange froideur
Dont je le vois répondre à ma pudique ardeur ;
Il réſerve, l'ingrat, ſes careſſes à d'autres,
Et nourrit leurs plaiſirs par le jeûne des nôtres.
Voilà de nos maris le procédé commun ;
Ce qui leur eſt permis leur devient importun,
Dans les commencemens ce ſont toutes merveilles,
Ils témoignent pour nous des ardeurs nompareilles ;
Mais les traîtres bientôt ſe laſſent de nos feux,
Et portent autre part ce qu'ils doivent chez eux.
Ah ! que j'ai de dépit que la loi n'autoriſe
A changer de mari comme on fait de chemiſe.
Cela ſeroit commode, & j'en ſçais telle ici
Qui, comme moi, ma foi, le voudroit bien auſſi.
(*En ramaſſant le portrait que Célie avoit laiſſé
   tomber.*)
Mais quel eſt ce bijou que le ſort me preſente ?
L'émail en eſt fort beau, la gravure charmante,
Ouvrons.

A 5

SCENE VI.
SGANARELLE, LA FEMME de Sganarelle.

SGANARELLE *se croyant seul.*

ON la croyoit morte, & ce n'étoit rien.
Il n'en faut plus qu'autant, elle se porte bien.
Mais j'apperçois ma femme.
  LA FEMME *de Sganarelle se croyant seule.*
     O ciel ! C'est miniature,
Et voilà d'un bel homme une vive peinture !
SGANARELLE *à part, & regardant par-dessus*
    l'épaule de sa femme.
Que considere-t-elle avec attention ?
Ce portrait, mon honneur, ne nous dit rien de bon,
D'un fort vilain soupçon je me sens l'ame émue.
  LA FEMME *de Sganarelle sans appercevoir*
    son mari.
Jamais rien de plus beau ne s'offrit à ma vue ;
Le travail plus que l'or s'en doit encor priser.
O que cela sent bon !
    SGANARELLE *à part.*
     Quoi, peste, le baiser ?
Ah, j'en tiens !
  LA FEMME *de Sganarelle poursuit.*
     Avouons qu'on doit être ravie
Quand d'un homme ainsi fait on se peut voir servie,
Et que s'il en contoit avec attention,
Le penchant seroit grand à la tentation.
Ah ! Que n'ai-je un mari d'une aussi bonne mine,
Au lieu de mon pelé, de mon rustre. . . .
  SGANARELLE *lui arrachant le portrait.*
       Ah, mâtine !
Nous vous y surprenons en faute contre nous,

COMÉDIE.

En diffamant l'honneur de votre cher époux.
Donc, à votre calcul, ô ma trop digne femme,
Monsieur, tout bien compté, ne vaut bas bien
    Madame ?
Et, de par Belzébut qui vous puisse emporter,
Quel plus rare parti pourriez-vous souhaiter ?
Peut-on trouver en moi quelque chose à redire ?
Cette taille, ce port, que tout le monde admire,
Ce visage, si propre à donner de l'amour,
Pour qui mille beautés soupirent nuit & jour ;
Bref, en tout & par-tout, ma personne charmante
N'est donc pas un morceau dont vous soyez con-
    tente ?
Et pour rassasier votre apétit gourmand,
Il faut joindre au mari le ragoût d'un galant ?

LA FEMME de Sganarelle.

J'entends à demi mot où va la raillerie,
Tu crois par ce moyen...

SGANARELLE.

            A d'autres, je vous prie :
La chose est avérée, & je tiens dans mes mains
Un bon certificat du mal dont je me plains.

LA FEMME de Sganarelle.

Mon courroux n'a déjà que trop de violence,
Sans le charger encor d'une nouvelle offense.
Ecoute, ne croi pas retenir mon bijou,
Et songe un peu...

SGANARELLE.

            Je songe à te rompre le cou.
Que ne puis-je, aussi-bien que je tiens la copie,
Tenir l'original !

LA FEMME de Sganarelle.

Pourquoi ?

SGANARELLE.

            Pour rien, m'amie.
Doux objets de mes vœux, j'ai grand tort de crier
Et mon front de vos dons vous doit remercier.

(*Regardant le portrait de Lélie.*)
Le voilà le beau fils, le mignon de couchette,
Le malheureux tison de ta flamme secrette,
Le drôle avec lequel....

LA FEMME *de Sganarelle.*
Avec lequel ? Poursui.

SGANARELLE.
Avec lequel te dis-je.... & j'en creve d'ennui.

LA FEMME *de Sganarelle.*
Que me veut donc conter par-là ce maître ivrogne ?

SGANARELLE.
Tu ne m'entends que trop, Madame la carogne.
Sganarelle est un nom qu'on ne me dira plus,
Et l'on va m'appeller Seigneur Cornélius :
J'en suis pour mon honneur ; mais à toi qui me l'ôtes,
Je t'en ferai du moins pour un bras ou deux côtes.

LA FEMME *de Sganarelle.*
Et tu m'oses tenir de semblables discours ?

SGANARELLE.
Et tu m'oses jouer de ces diables de tours ?

LA FEMME *de Sganarelle.*
Et quels diables de tours ? Parle donc sans rien feindre.

SGANARELLE.
Ah ! Cela ne vaut pas la peine de se plaindre.
D'un panache de cerf sur le front me pourvoir,
Hélas ! Voilà vraiment un beau venez-y voir.

LA FEMME *de Sganarelle.*
Donc après m'avoir fait la plus sensible offense
Qui puisse d'une femme exciter la vengeance,
Tu prends d'un feint courroux le vain amusement
Pour prévenir l'effet de mon ressentiment ?
D'un pareil procédé l'insolence est nouvelle ;
Celui qui fait l'offense est celui qui querelle.

SGANARELLE.
Hé, la bonne effrontée ! A voir ce fier maintien,
Ne la croiroit-on pas une femme de bien ?

COMEDIE.
LA FEMME de Sganarelle.
Và, pourfui ton chemin, cajole tes maîtreſſes,
Adreſſe-leur tes vœux, & fai-leur des careſſes :
Mais rends-moi mon portrait, ſans te jouer de moi.
(*Elle lui arrache le portrait, & s'enfuit.*)
SGANARELLE.
Oui, tu crois m'échapper, je l'aurai malgré toi.

Fin du premier Acte.

ACTE II.

SCENE PREMIERE.
LELIE, GROS-RENÉ.
GROS-RENÉ.

ENfin nous y voici : mais, Monsieur, si je l'ose,
Je voudrois vous prier de me dire une chose.
LELIE.
Hé bien, parle.
GROS-RENÉ.
           Avez-vous le diable dans le corps,
Pour ne point succomber à de pareils efforts ?
Depuis huit jours entiers, avec vos longues traites,
Nous sommes à piquer des chiennes de mazettes,
De qui le train maudit nous a tant secoués,
Que je me sens, pour moi, tous les membres roués ;
Sans préjudice encor d'un accident bien pire,
Qui m'afflige un endroit que je ne veux pas dire :
Cependant, arrivé, vous sortez bien & beau
Sans prendre de repos, ni manger un morceau.
LELIE.
Ce grand empressement n'est pas digne de blâme :
De l'hymen de Célie on alarme mon ame ;
Tu sais que je l'adore, & je veux être instruit,
Avant tout autre soin, de ce funeste bruit.
GROS-RENE.
Oui ; mais un bon repas vous seroit nécessaire
Pour s'aller éclaircir, Monsieur, de cette affaire ;
Et votre cœur, sans doute, en deviendroit plus fort
Pour pouvoir résister aux attaques du sort.
J'en juge par moi-même, & la moindre disgrace,

COMEDIE.

Lorsque je suis à jeun, me saisit, me terrasse,
Mais quand j'ai bien mangé, mon ame est ferme à tout.
Et les plus grands revers n'en viendroient pas à bout.
Croyez-moi, bourrez-vous, & sans réserve aucune,
Contre les coups que peut vous porter la fortune;
Et pour fermer chez vous l'entrée à la douleur,
De vingt verres de vin entourez votre cœur.

LELIE.
Je ne sçaurois manger.

GROS-RENÉ *bas à part.*
(*haut.*) Si fait bien moi, je meure.
Votre dîné, pourtant, seroit prêt tout-à-l'heure.

LELIE.
Tai-toi; je te l'ordonne.

GROS-RENÉ.
Ah, quel ordre inhumain !

LELIE.
J'ai de l'inquiétude, & non pas de la faim.

GROS-RENÉ.
Et moi j'ai de la faim & de l'inquiétude,
De voir qu'un sot amour fait toute votre étude.

LELIE.
Laisse moi m'informer de l'objet de mes vœux,
Et, sans m'importuner, va manger si tu veux.

GROS-RENÉ.
Je ne réplique pas à ce qu'un maître ordonne.

SCENE II.

LELIE *seul.*

Non, non, à trop de peur mon ame s'abandonne;
Le pere m'a promis, & la fille a fait voir
Des preuves d'un amour qui soutient mon espoir.

SCENE III.

SGANARELLE, LELIE.

SGANARELLE *sans voir Lelie, & tenant dans ses mains le portrait.*

Nous l'avons, & je puis voir à l'aise la trogne
Du malheureux pendard qui cause ma vergogne ;
Il ne m'est point connu.

LELIE *à part.*
Dieux ! qu'apperçois-je ici ?
Et si c'est mon portrait, que dois-je croire auſſi ?

SGANARELLE *sans voir Lelie.*
Ah, pauvre Sganarelle, à quelle destinée
Ta réputation est-elle condamnée !

(*Appercevant Lélie qui le regarde, il se tourne d'un autre côté.*)

Faut ....

LELIE *à part.*
Ce gage ne peut, sans alarmer ma foi,
Etre sorti des mains qui le tenoient de moi.

SGANARELLE *à part.*
Faut-il que déformais à deux doigts on te montre,
Qu'on te mette en chansons, & qu'en toute rencontre,
On te rejette au nez le scandaleux affront
Qu'une femme mal née imprime sur ton front ?

LELIE *à part.*
Me trompai-je ?

SGANARELLE *à part.*
Ah ! truande, as-tu bien le courage
De m'avoir fait cocu dans la fleur de mon âge ?
Et, femme d'un mari qui peut passer pour beau,
Faut-il qu'un marmouzet, un maudit étourneau,...

COMÉDIE.

LELIE *à part, & regardant encore le portrait que tient Sganarelle.*

Je ne m'abuse point, c'est mon portrait lui-même.

SGANARELLE *lui tourne le dos.*

Cet homme est curieux.

LELIE *à part.*

Ma surprise est extrême.

SGANARELLE *à part.*

A qui donc en a-t-il ?

LELIE *à part.*

Je le veux accoster.

(haut)   (*Sganarelle veut s'éloigner.*)

Puis-je..... Hé ! de grace, un mot..

SGANARELLE *à part, s'éloignant encore.*

Que me veut-il conter ?

LELIE.

Puis-je obtenir de vous de sçavoir l'aventure
Qui fait dedans vos mains trouver cette peinture ?

SGANARELLE *à part.*

D'où lui vient ce desir ? Mais je m'avise ici....
(*Il examine Lelie & le portrait qu'il tient.*)
Ah, ma foi, me voilà de son trouble éclairci !
Sa surprise à present n'étonne plus mon ame,
C'est mon homme, ou plutôt, c'est celui de ma femme.

LELIE.

Retirez-moi de peine, & dites d'où vous vient...

SGANARELLE.

Nous sçavons, Dieu merci, le souci qui vous tient ;
Ce portrait qui vous fâche est votre ressemblance ;
Il étoit en des mains de votre connoissance,
Et ce n'est pas un fait qui soit secret pour nous
Que les douces ardeurs de la dame & de vous.
Je ne sçai pas si j'ai, dans sa galanterie,
L'honneur d'être connu de votre seigneurie,
Mais faites-moi celui de cesser désormais
Un amour qu'un mari peut trouver fort mauvais,
Et songez que les nœuds du sacré mariage........

18 LE COCU IMAGINAIRE,
LELIE.
Quoi ! celle, dites-vous, dont vous tenez ce gage.
SGANARELLE.
Est ma femme, & je suis son mari.
LELIE.
Son mari !
SGANARELLE.
Oui, son mari, vous dis-je, & mari très-marri ;
Vous en sçavez la cause, & je m'en vais l'apprendre
Sur l'heure à ses parens.

SCENE IV.
LELIE *seul*.

AH ! que viens-je d'entendre ?
On me l'avoit bien dit, & que c'étoit de tous,
L'homme le plus malfait qu'elle avoit pour époux.
Ah ! quand mille sermens de ta bouche infidelle
Ne m'auroient pas promis une flamme éternelle,
Le seul mépris d'un choix si bas & si honteux
Devoit bien soutenir l'intérêt de mes feux,
Ingrate ; & quelque bien... Mais ce sensible outrage,
Se mêlant aux travaux d'un assez long voyage,
Me donne tout à coup un choc si violent,
Que mon cœur devient foible, & mon corps chan-
 celant.

COMEDIE. 19

SCENE V.
LELIE, LA FEMME *de Sganarelle.*

LA FEMME *de Sganarelle se croyant seule,*
(*appercevant Lélie.*)

Malgré moi, mon perfide..... Hélas ! quel mal
 vous presse.
Je vous vois prêt, Monsieur, à tomber en foiblesse.
LELIE.
C'est un mal qui m'a pris assez subitement.
LA FEMME *de Sganarelle.*
Je crains ici pour vous l'évanouissement ;
Entrez dans cette salle, en attendant qu'il passe.
LELIE.
Pour un moment ou deux j'accepte cette grace.

SCENE VI.
SGANARELLE, UN PARENT *de la femme de Sganarelle.*

LE PARENT.

Du mari sur ce point j'approuve le souci ;
Mais c'est prendre la chevre un peu bien vîte aussi ;
Et tout ce que de vous je viens d'ouir contre elle,
Ne conclut point, parent, qu'elle soit criminelle :
C'est un point délicat, & de pareils forfaits,
Sans les bien avérer, ne s'imputent jamais.
SGANARELLE.
C'est-à-dire, qu'il faut toucher au doigt la chose.

LE PARENT.

Le trop de promptitude à l'erreur nous expose.
Qui sçait comme en ses mains ce portrait est venu,
Et si l'homme après tout lui peut être connu?
Informez-vous-en donc; &, si c'est ce qu'on pense,
Nous serons les premiers à punir son offense.

SCENE VII.
SGANARELLE *seul.*

ON ne peut pas mieux dire: en effet, il est bon
D'aller tout doucement. Peut-être sans raison.
Me suis-je en tête mis ces visions cornuës,
Et les sueurs au front m'en sont trop-tôt venues.
Par ce portrait enfin dont je suis allarmé
Mon deshonneur n'est pas tout-à-fait confirmé.
Tâchons donc par nos soins....

SCENE VIII.
SGANARELLE, LA FEMME
de Sganarelle sur la porte de sa maison, conduisant Lélie, LELIE,

SGANARELLE *à part les voyant.*

AH! que vois-je? Je meure,
Il n'est plus question de portrait à cette heure,
Voici, ma foi, la chose en propre original.
LA FEMME *de Sganarelle.*
C'est par trop vous hâter, Monsieur, & votre mal,
Si vous sortez si-tôt, pourra bien vous reprendre.
LELIE.
Non, non, je vous rends grace, autant qu'on puisse
  rendre,

COMÉDIE.

Du secours obligeant que vous m'avez prêté.
SGANARELLE *à part.*
La masque encore après lui fait civilité.
(*La Femme de Sganarelle rentre dans sa maison.*)

SCENE IX.
SGANARELLE, LELIE.

SGANARELLE *à part.*

IL m'apperçoit, voyons ce qu'il me pourra dire
LELIE *à part.*
Ah! mon ame s'émeut, & cet objet m'inspire....
Mais je dois condamner cet injuste transport,
Et n'imputer mes maux qu'aux rigueurs de mon sort.
Envions seulement le bonheur de sa flamme.
(*en s'approchant de Sganarelle.*)
O trop heureux d'avoir une si belle femme!

SCENE X.
SGANARELLE, CELIE *à sa fenêtre voyant Lélie qui s'en va.*

SGANARELLE *seul.*

CE n'est point s'expliquer en termes ambigus.
Cet Etrange propos me rend aussi confus
Que s'il m'étoit venu des cornes à la tête.
(*regardant le côté par où Lélie est sorti.*)
Allez, ce procédé n'est point du tout honnête.
CELIE *à part en entrant.*
Quoi! Lélie a paru tout à l'heure à mes yeux!

Qui pourroit me cacher son retour en ces lieux ?
      SGANARELLE *sans voir Célie.*
O trop heureux d'avoir une si belle femme !
Malheureux bien plutôt, de l'avoir cette infâme
Dont le coupable feu, trop bien vérifié,
Sans respect ni demi nous a cocufié.
Mais je le laisse aller après un tel indice,
Et demeure les bras croisés comme un jocrisse ?
Ah ! Je devois du moins lui jetter son chapeau,
Lui ruer quelque pierre, ou crotter son manteau ;
Et sur lui hautement pour contenter ma rage,
Faire, au larron d'honneur, crier le voisinage.
    (*Pendant le discours de Sganarelle Célie s'approche*
     peu à peu, & attend pour lui parler que son trans-
     port soit fini.)
      CELIE *à Sganarelle.*
Celui qui maintenant devers vous est venu,
Et qui vous a parlé, d'où vous est-il connu ?
      SGANARELLE.
Hélas, ce n'est pas moi qui le connois, Madame !
C'est ma femme.
      CELIE.
    Quel trouble agite ainsi votre ame ?
      SGANARELLE.
Ne me condamnez point d'un deuil hors de saison,
Et laissez-moi pousser des soupirs à foison.
      CELIE.
D'où vous peuvent venir ces douleurs non com-
  munes ?
      SGANARELLE.
Si je suis affligé, ce n'est pas pour des prunes,
Et je les donnerois à bien d'autres qu'à moi
De se voir sans chagrin au point où je me voi.
Des maris malheureux vous voyez le modele,
On dérobe l'honneur au pauvre Sganarelle,
Mais c'est peu que l'honneur dans mon affliction ;
L'on me dérobe encore la réputation.

COMEDIE. 23
CELIE.
Comment ?
SGANARELLE
Ce damoiſeau, parlant par révérence;
Me fait cocu, Madame, avec toute licence;
Et j'ai ſçu par mes yeux avérer aujourd'hui.
Le commerce ſecret de ma femme & de lui.
CELIE.
Celui qui maintenant....
SGANARELLE.
Oui, oui, me déshonore,
Il adore ma femme, & ma femme l'adore.
CELIE.
Ah! J'avois bien jugé que ce ſecret retour,
Ne pouvoit me couvrir que quelque lâche tour ?
Et j'ai tremblé, d'abord en le voyant paroître ;
Par un preſſentiment de ce qui devoit être.
SGANARELLE.
Vous prenez ma défenſe avec trop de bonté,
Tout le monde n'a pas la même charité ;
Et pluſieurs qui tantôt ont appris mon martyre,
Bien loin d'y prendre part, n'en ont rien fait que rire !
CELIE.
Eſt-il rien de plus noir que ta lâche action,
Et peut-on lui trouver une punition ?
Dois-tu ne te pas croire indigne de la vie
Après t'être ſouillé de cette perfidie ?
O ciel ! Eſt-il poſſible ?
SGANARELLE.
Il eſt trop vrai pour moi.
CELIE.
Ah! traître, ſcélérat, ame double & ſans foi.
SGANARELLE.
La bonne ame !
CELIE.
Non, non, l'enfer n'a point de gêne
Qui ne ſoit pour ton crime une trop douce peine.

LE COCU IMAGINAIRE,

SGANARELLE.
Que voilà bien parler !

CELIE.
Avoir ainsi traité
Et la même innocence & la même bonté !

SGANARELLE *soupire haut.*
Hai !

CELIE.
Un cœur qui jamais n'a fait la moindre chose
A mériter l'affront où ton mépris l'expose ?

SGANARELLE.
Il est vrai.

CELIE.
Qui bien loin.... Mais c'est trop, & ce cœur
Ne sçauroit y songer sans mourir de douleur.

SGANARELLE.
Ne vous fâchez point tant, ma très-chere Madame ;
Mon mal vous touche trop, & vous me percez l'ame.

CELIE.
Mais ne t'abuse pas jusqu'à te figurer.
Qu'à des plaintes sans fruit j'en veuille demeurer :
Mon cœur, pour se venger, sçait ce qu'il te faut faire,
Et j'y cours de ce pas, rien ne m'en peut distraire.

SCENE XI.
SGANARELLE *seul.*

Que le ciel la préserve à jamais de danger !
Voyez quelle bonté de vouloir me venger !
En effet, son courroux, qu'excite ma disgrace,
M'enseigne hautement ce qu'il faut que je fasse ;
Et l'on ne doit jamais souffrir sans dire mot
De semblables affronts, à moins qu'être un vrai sot.
Courons donc le chercher ce pendard qui m'af-
   fronte ;
Montrons notre courage à venger notre honte.

Vous

COMEDIE.

Vous apprendrez, maroufle, à rire à nos dépens,
Et sans aucun respect faire cocus les gens.
    (il revient après avoir fait quelque pas.)
Doucement, s'il vous plaît, cet homme a bien la mine
D'avoir le sang bouillant, & l'ame un peu mutine;
Il pourroit bien, mettant affront dessus affront,
Charger de bois mon dos, comme il a fait mon front.
Je hais de tout mon cœur les esprits colériques,
Et porte grand amour aux hommes pacifiques,
Je ne suis point battant de peur d'être battu,
Et l'humeur débonnaire est ma grande vertu.
Mais mon honneur me dit que d'une telle offense
Il faut absolument que je prenne vengeance:
Ma foi, laissons-le dire autant qu'il lui plaira,
Au diantre qui pourtant rien du tout en fera
Quand j'aurai fait le brave, & qu'un fer pour ma peine
M'aura d'un vilain coup transpercé la bedaine,
Que par la ville ira le bruit de mon trépas,
Dites-moi, mon honneur, en serez-vous plus gras ?
La bière est un séjour par trop mélancolique,
Et trop mal sain pour ceux qui craignent la colique:
Et, quant à moi, je trouve, ayant tout compassé,
Qu'il vaut mieux être encor cocu que trépassé.
Quel mal cela fait-il ? La jambe en devient-elle
Plus tortue après tout, & la taille moins belle ?
Peste soit qui premier trouva l'invention
De s'affliger l'esprit de cette vision,
Et d'attacher l'honneur de l'homme le plus sage
Aux choses que peut faire une femme volage.
Puisqu'on tient, à bon droit, tout crime personnel,
Que fait là notre honneur pour être criminel ?
Des actions d'autrui l'on nous donne le blâme ;
Si nos femmes sans nous ont un commerce infâme,
Il faut que tout le mal tombe sur notre dos:
Elles font la sottise, & nous sommes les sots;
C'est un vilain abus & les gens de police

Tome II.   B

Nous devroient bien régler une telle injustice.
N'avons-nous pas assez des autres accidens
Qui nous viennent haper en dépit de nos dents ?
Les querelles, procès, faim, soif & maladie
Troublent-ils pas assez le repos de la vie,
Sans s'aller, de surcroît, aviser sottement
De se faire un chagrin qui n'a nul fondement ?
Moquons-nous de cela, méprisons les allarmes,
Et mettons sous nos pieds les soupirs & les larmes.
Si ma femme a failli, qu'elle pleure bien fort ;
Mais pourquoi moi pleurer, puisque je n'ai point tort,
En tout cas, ce qui peut m'ôter ma fâcherie ?
C'est que je ne suis pas seul de ma confrairie.
Voir cajoler sa femme, & n'en témoigner rien,
Se pratique aujourd'hui par force gens de bien.
N'allons donc point chercher à faire une querelle,
Pour un affront qui n'est que pure bagatelle.
L'on m'appellera sot de ne me venger pas ;
Mais je le serois fort de courir au trépas.
         (mettant la main sur sa poitrine.)
Je me sens-là pourtant remuer une bile
Qui veut me conseiller quelque action virile :
Oui, le courroux me prend, c'est trop être poltron.
Je veux résolument me venger du larron ;
Déjà pour commencer dans l'ardeur qui m'enflamme,
Je vais dire par-tout qu'il couche avec ma femme.

Fin du second Acte.

ACTE III.

SCENE PREMIERE.

GORGIBUS, CELIE, LA SUIVANTE
de Célie.

CELIE.

Oui je veux bien subir une si juste loi,
Mon pere, disposez de mes vœux & de moi ;
Faites quand vous voudrez signer cet hyménée,
A suivre mon devoir je suis déterminée,
Je prétends gourmander mes propres sentimens,
Et me soumettre en tout à vos commandemens.

GORGIBUS.

Ah ! Voilà qui me plaît de parler de la sorte.
Parbleu, si grande joie à l'heure me transporte
Que mes jambes sur l'heure en caprioleroient,
Si nous n'étions point vus de gens qui s'en riroient.
Approche-toi de moi ; viens-ça, que je t'embrasse.
Une telle action n'a pas mauvaise grace ;
Un pere, quand il veut, peut sa fille baiser
Sans que l'on ait sujet de s'en scandaliser.
Va, le contentement de te voir si bien née,
Me fera rajeunir de dix fois une année.

SCENE II.
CELIE, LA SUIVANTE de Célie.
LA SUIVANTE.

Ce changement m'étonne.
CELIE.
Et lorsque tu sçauras
Par quel motif j'agis, tu m'en estimeras.
LA SUIVANTE.
Cela pourroit bien être.
CELIE.
Apprends donc que Lélie
A pu blesser mon cœur par une perfidie;
Qu'il étoit en ces lieux sans...
LA SUIVANTE.
Mais il vient à nous.

SCENE III.
LELIE, CELIE, LA SUIVANTE de Célie.
LELIE.

Avant que pour jamais je m'éloigne de vous,
Je veux vous reprocher au moins en cette place...
CELIE.
Quoi, me parler encore! Avez-vous cette audace?
LELIE.
Il est vrai qu'elle est grande, & votre choix est tel,
Qu'à vous rien reprocher je serois criminel.
Vivez, vivez contente, & bravez ma mémoire
Avec le digne époux qui vous comble de gloire.

COMEDIE.
CELIE.
Oui, traître, j'y veux vivre; & mon plus grand desir,
Ce seroit que ton cœur en eût du déplaisir.
LELIE.
Qui rend donc contre moi ce courroux légitime ?
CELIE.
Quoi, tu fais le surpris & demandes ton crime ?

SCENE IV.
CELIE, LELIE, SGANARELLE, *armé de pied en cap.* **LA SUIVANTE** *de Célie.*

SGANARELLE.
Guerre, guerre mortelle à ce larron d'honneur
Qui sans miséricorde a souillé notre honneur.
CELIE *à Lélie, lui montrant Sganarelle.*
Tourne, tourne les yeux, sans me faire répondre.
LELIE.
Ah ! Je vois...
CELIE.
Cet objet suffit pour te confondre.
LELIE.
Mais pour vous obliger bien plutôt à rougir.
SGANARELLE *à part.*
Ma colere à present est en état d'agir.
Dessus ses grands chevaux est monté mon courage ;
Et, si je le rencontre, on verra du carnage.
Oui, j'ai juré sa mort, rien ne peut m'empêcher :
Où je le trouverai, je le veux dépêcher.
(*Tirant son épée à demi, il s'approche de Lélie.*)
Au beau milieu du cœur, il faut que je lui donne...
LELIE *se retournant.*
A qui donc en veut-on ?
SGANARELLE.
Je n'en veux à personne.

LELIE.
Pourquoi ces armes-là ?
SGANARELLE.
C'est un habillement.
(à part.)
Que j'ai pris pour la pluie. Ah, quel contentement
J'aurois à le tuer ! Prenons-en le courage.
LELIE *se retournant encore.*
Hai ?
SGANARELLE.
Je ne parle pas.
(à part, après s'être donné des soufflets pour s'exciter.)
Ah, poltron, dont j'enrage !
Lâche, vrai cœur de poule.
CELIE *à Lélie.*
Il t'en doit dire assez
Cet objet, dont tes yeux nous paroissent blessés.
LELIE.
Oui, je connois par-là que vous êtes coupable
De l'infidélité la plus inexcusable
Qui jamais d'un amant puisse outrager la foi.
SGANARELLE *à part.*
Que n'ai-je un peu de cœur !
CELIE.
Ah, cesse devant moi,
Traître, de ce discours l'insolence cruelle !
SGANARELLE *à part.*
Sganarelle, tu vois qu'elle prend ta querelle,
Courage, mon enfant, sois un peu vigoureux :
Là, hardi, tâche à faire un effort généreux
En le tuant, tandis qu'il tourne le derriere.
LELIE *faisant deux ou trois pas sans dessein, fait retourner Sganarelle qui s'approchoit pour le tuer.*
Puisqu'un pareil discours émeut votre colere,
Je dois de votre cœur me montrer satisfait,
Et l'applaudir ici du beau choix qu'il a fait.

COMEDIE.

CELIE.
Oui, oui, mon choix est tel qu'on n'y peut rien reprendre.

LELIE.
Allez, vous faites bien de le vouloir défendre.

SGANARELLE.
Sans doute elle fait bien de défendre mes droits.
Cette action, Monsieur, n'est point selon les loix,
J'ai raison de m'en plaindre ; & si je n'étois sage,
On verroit arriver un étrange carnage.

LELIE.
D'où vous naît cette plainte ; Et quel chagrin brutal ?..

SGANARELLE.
Suffit. Vous sçavez bien où le bât me fait mal ;
Mais votre conscience & le soin de votre ame
Vous devroient mettre aux yeux que ma femme est ma femme,
Et, vouloir à ma barbe en faire votre bien,
Que ce n'est pas du tout agir en bon chrétien.

LELIE.
Un semblable soupçon est bas & ridicule.
Allez, dessus ce point n'ayez aucun scrupule,
Je sçais qu'elle est à vous, & bien loin de brûler...

CELIE.
Ah, qu'ici tu sçais bien, traître, dissimuler !

LELIE.
Quoi ? me soupçonnez-vous d'avoir une pensée
De qui son ame ait lieu de se croire offensée ?
De cette lâcheté voulez-vous me noircir ?

CELIE.
Parle, parle à lui-même, il pourra t'éclaircir.

SGANARELLE à *Célie*.
Vous me défendez mieux que je ne sçaurois faire,
Et du biais qu'il faut vous prenez cette affaire.

SCENE V.
CELIE, LELIE, SGANARELLE, LA FEMME *de Sganarelle*, LA SUIVANTE *de Célie*.

L'A FEMME *de Sganarelle*.

Je ne suis point d'humeur à vouloir contre vous
Faire éclater, Madame, un esprit fort jaloux ;
Mais je ne suis point dupe, & vois ce qui se passe :
Il est de certains feux de fort mauvaise grace,
Et votre ame devroit prendre un meilleur emploi,
Que de séduire un cœur qui doit n'être qu'à moi.

CELIE.
La déclaration est assez ingénue.

SGANARELLE *à sa femme*.
L'on ne demande pas, carogne, ta venue,
Tu la viens quereller lorsqu'elle me défend,
Et tu trembles de peur qu'on t'ôte ton galant.

CELIE.
Allez ne croyez pas que l'on en ait envie.
   (*Se retournant vers Lélie.*)
Tu vois si c'est mensonge, & j'en suis fort ravie.

LELIE.
Que me veut-on conter ?

LA SUIVANTE.
      Ma foi je ne sçai pas
Quand on verra finir ce galimathias ;
Depuis assez long-tems je tâche à le comprendre,
Et si, plus je l'écoute, & moins je puis l'entendre.
Je vois bien à la fin que je m'en dois mêler.
 (*Elle se met entre Lélie & sa Maîtresse.*)
Répondez-moi par ordre, & me laissez parler.
  (*à Lélie.*)
Vous, qu'est-ce qu'à son cœur peut reprocher le vôtre.

COMEDIE.

LELIE.
Que l'infidele a pu me quitter pour un autre ;
Que lorsque, sur le bruit de son hymen fatal,
J'accours tout transporté d'un amour sans égal,
Dont l'ardeur résistoit à se croire oubliée,
Mon abord en ces lieux la trouve mariée.

LA SUIVANTE.
Mariée ! A qui donc ?

LELIE *montrant Sganarelle.*
A lui.

LA SUIVANTE.
Comment à lui ?

LELIE.
Oui-dà.

LA SUIVANTE.
Qui vous l'a dit ?

LELIE.
C'est lui-même aujourd'hui.

LA SUIVANTE *à Sganarelle.*
Est-il vrai ?

SGANARELLE.
Moi ? j'ai dit que c'étoit à ma femme
Que j'étois marié.

LELIE.
Dans un grand trouble d'ame,
Tantôt de mon portrait je vous ai vu saisi.

SGANARELLE.
Il est vrai, le voilà.

LELIE *à Sganarelle.*
Vous m'avez dit aussi
Que celle aux mains de qui vous avez pris ce gage,
Etoit liée à vous des nœuds du mariage.

SGANARELLE.
(*Montrant sa femme.*)
Sans doute. Et je l'avois de ses mains arraché,
Et n'eusse pas sans lui découvert son péché.

LA FEMME *de Sganarelle.*
Que me viens-tu conter par ta plainte importune ?

Je l'avois fous mes pieds rencontré par fortune ;
Et même, quand après ton injuste courroux,
(*Montrant Lélie.*)
J'ai fait, dans sa foiblesse, entrer Monsieur chez nous,
Je n'ai pas reconnu les traits de sa peinture.
CELIE.
C'est moi qui du portrait ai causé l'aventure,
Et je l'ai laissé choir en cette pamoison,
(*à Sganarelle.*)
Qui m'a fait par vos soins remettre à la maison.
LA SUIVANTE.
Vous le voyez, sans moi vous y seriez encore,
Et vous aviez besoin de mon peu d'ellébore.
SGANARELLE *à part.*
Prendrons-nous tout ceci pour de l'argent comptant ?
Mon front l'a, sur mon ame, eu bien chaude pourtant.
LA FEMME *de Sganarelle.*
Ma crainte toutefois n'est pas trop dissipée,
Et, doux que soit le mal, je crains d'être trompée.
SGANARELLE *à sa femme.*
Hé ! Mutuellement croyons-nous gens de bien.
Je risque plus du mien que tu ne fais du tien,
Accepte sans façon le marché qu'on propose.
LA FEMME *de Sganarelle.*
Sois. Mais gare le bois si j'apprens quelque chose.
CELIE *à Lélie après avoir parlé bas ensemble.*
Ah, dieux ! S'il est ainsi, qu'est-ce donc que j'ai fait ?
Je dois de mon courroux appréhender l'effet.
Oui, vous croyant sans foi, j'ai pris pour ma vengeance
Le malheureux secours de mon obéissance.
Et depuis un moment mon cœur vient d'accepter
Un hymen que toujours j'eus lieu de rebuter ;
J'ai promis à mon pere, & ce qui me désole....
Mais je le vois venir.
LELIE.
Il me tiendra parole.

SCENE VI.

GORGIBUS, CELIE, LELIE, SGANARELLE, LA FEMME de *Sganarelle*, LA SUIVANTE de *Célie*.

LELIE.

Monsieur, vous me voyez en ces lieux de retour
Brûlant des mêmes feux, & mon ardent amour
Verra, comme je crois, la promesse accomplie
Qui me donna l'espoir de l'hymen de Célie.
GORGIBUS.
Monsieur, que je revois en ces lieux de retour
Brûlant des mêmes feux, & dont l'ardente amour
Verra, que vous croyez, la promesse accomplie
Qui vous donne l'espoir de l'hymen de Célie,
Très-humble serviteur à votre Seigneurie.
LELIE.
Quoi ! Monsieur, est-ce ainsi qu'on trahit mon espoir !
GORGIBUS.
Oui, Monsieur, c'est ainsi que je fais mon devoir.
Ma fille en suit les loix.
CELIE.
                Mon devoir m'intéresse,
Mon pere, à dégager vers lui votre promesse.
GORGIBUS.
Est-ce répondre en fille à mes commandemens !
Tu te démens bientôt de tes bons sentimens ;
Pour Valere tantôt.... Mais j'apperçois son pere;
Il vient assurément pour conclure l'affaire.

SCENE DERNIERE.

VILLEBREQUIN, GORGIBUS, CELIE, LELIE, SGANARELLE, LA FEMME de Sganarelle, LA SUIVANTE de Célie.

GORGIBUS

Qui vous amene ici, Seigneur Villebrequin ?

VILLEBREQUIN.

Un secret important que j'ai sçu ce matin,
Qui rompt absolument ma parole donnée.
Mon fils, dont votre fille acceptoit l'hyménée,
Sous des liens cachés trompant les yeux de tous,
Vit depuis quatre mois avec Lise en époux ;
Et comme des parens le bien & la naissance
M'ôtent tout le pouvoir de casser l'alliance,
Je vous viens....

GORGIBUS.

Brisons-là. Si sans votre congé,
Valere votre fils ailleurs s'est engagé,
Je ne vous puis celer que ma fille Célie
Dès long-tems par moi-même est promise à Lélie,
Et que, riche en vertus, son retour aujourd'hui
M'empêche d'agréer un autre époux que lui.

VILLEBREQUIN.

Un tel choix me plaît fort.

LELIE.

Et cette juste envie.
D'un bonheur éternel va couronner ma vie...

GORGIBUS.

Allons choisir le jour pour se donner la foi.

SGANARELLE *seul.*

A-t-on mieux cru jamais être cocu que moi !
Vous voyez qu'en ce fait la plus forte apparence
Peut jetter dans l'esprit une fausse créance.
De cet exemple-ci ressouvenez-vous bien,
Et, quand vous verriez tout, ne croyez jamais rien.

FIN.

DOM GARCIE

DE NAVARRE,

OU

LE PRINCE JALOUX,

COMEDIE HÉROIQUE.

ACTEURS.

DOM GARCIE, Prince de Navarre, Amant de Done Elvire.
DONE ELVIRE, Princesse de Léon.
DOM ALPHONSE Prince de Léon, cru Prince de Castille, sous le nom de Dom Sylve.
DONE IGNÉS, Comtesse, Amante de Dom Sylve, aimée par Mauregat, usurpateur de l'Etat de Léon.
ELISE, confidente de Done Elvire.
DOM ALVAR, Confident de D. Garcie, Amant d'Elise.
DOM LOPE, autre Confident de Dom Garcie, Amant d'Elise.
DOM PEDRE, Ecuyer d'Ignés.
UN PAGE de Done Elvire.

La Scene est dans Astorgue, ville d'Espagne, dans le Royaume de Léon.

DOM GARCIE DE NAVARRE

DOM GARCIE
DE NAVARRE,
OU
LE PRINCE JALOUX,
COMÉDIE HÉROIQUE.

ACTE PREMIER.

SCENE PREMIERE.
D. ELVIRE, ELISE.

D. ELVIRE.

On ce n'est point un choix qui pour ces
    deux amans.
Sçut régler de mon cœur les secrets
    sentimens ;
Et le Prince n'a point dans tout ce qu'il peut être,
Ce qui fait préférer l'amour qu'il fait paroître.
Dom Sylve, comme lui, fit briller à mes yeux
Toutes les qualités d'un héros glorieux ;

Même éclat de vertus, joint à même naiſſance,
Me parloit en tous deux pour cette préférence ;
Et je ſerois encore à nommer le vainqueur,
Si le mérite ſeul prenoit droit ſur ſon cœur,
Mais ces chaînes du ciel qui tombent ſur nos ames,
Déciderent en moi le deſtin de leurs flammes ;
En toute mon eſtime, égale entre les deux,
Laiſſa vers Dom Garcie entraîner tous mes vœux.
ELISE.
Cet amour que pour lui votre aſtre vous inſpire,
N'a ſur vos actions pris que bien peu d'empire,
Puiſque nos yeux, Madame, ont pu long-tems
    douter
Qui de ces deux amans vous vouliez mieux traiter.
D. ELVIRE.
De ces nobles rivaux l'amoureuſe pourſuite
A de fâcheux combats, Eliſe, m'a réduite.
Quand je regardois l'un, rien ne me reprochoit
Le tendre mouvement où mon ame penchoit,
Mais je me l'imputois à beaucoup d'injuſtice ;
Quand de l'autre à mes yeux, s'offroit le ſacrifice :
Et Dom Sylve, après tout, dans ſes ſoins amoureux,
Me ſembloit mériter un deſtin plus heureux.
Je m'oppoſois encor ce qu'au ſang de Caſtille
Du feu Roi de Léon ſemble devoir la fille ;
Et la longue amitié, qui d'un étroit lien
Joignit les intérêts de ſon pere & du mien.
Ainſi, plus dans mon ame un autre prenoit place,
Plus de tous ſes reſpects je plaignois la diſgrace :
Ma pitié, complaiſante à ſes brûlans ſoupirs,
D'un dehors favorable amuſoit ſes deſirs ;
Et vouloit réparer par ce foible avantage,
Ce qu'au fond de mon cœur je lui faiſois d'outrage.
ELISE.
Mais ſon premier amour que vous avez appris,
Doit de cette contrainte affranchir vos eſprits ;
Et, puiſqu'avant ces ſoins où pour vous il s'engage,
Done Ignés de ſon cœur avoit reçu l'hommage,

Et que, par des liens aussi fermes que doux,
L'amitié vous unit cette Comtesse & vous,
Son secret révélé vous est une matiere
A donner à vos vœux liberté toute entiere ;
Et vous pouvez, sans crainte, à cet amant confus
D'un devoir d'amitié couvrir tous vos refus.

D. ELVIRE.

Il est vrai que j'ai lieu de chérir la nouvelle
Qui m'apprit que Dom Sylve étoit un infidelle,
Puisque par ses ardeurs mon cœur tyrannisé
Contre elles à present se voit autorisé ;
Qu'il en peut justement combattre les hommages,
Et, sans scupule, ailleurs donner tous ses suffrages.
Mais enfin quelle joie en peut prendre ce cœur,
Si d'une autre au contraire il souffre la rigueur ?
Si d'un Prince jaloux l'éternelle foiblesse.
Reçoit indignement les soins de ma tendresse,
Et semble préparer, dans mon juste courroux,
Un éclat à briser tout commerce entre nous.

ELISE.

Mais si de votre bouche il n'a point sçu sa gloire,
Est-ce un crime pour lui que de n'oser la croire ?
Et ce qui d'un rival a pu flatter les feux,
L'autorise-t-il pas à douter de vos vœux ?

D. ELVIRE.

Non, non, de cette sombre & lâche jalousie
Rien ne peut excuser l'étrange frénésie,
Et par mes actions je l'ai trop informé
Qu'il peut bien se flatter du bonheur d'être aimé.
Sans employer la langue, il est des interpretes
Qui parlent clairement des atteintes secrettes.
Un soupir, un regard, une simple rougeur,
Un silence est assez pour expliquer un cœur.
Tout parle dans l'amour, & sur cette matiere
Le moindre jour doit être une grande lumiere,
Puisque chez notre sexe, où l'honneur est puissant,
On ne montre jamais tout ce que l'on ressent.
J'ai voulu, je l'avoue, ajuster ma conduite,

Et voir d'un œil égal l'un & l'autre mérite :
Mais que contre ses vœux on combat vainement,
Et que la différence est connue aisément
De toutes ces faveurs qu'on fait avec étude,
A celles où du cœur fait pancher l'habitude !
Dans les unes toujours on paroît se forcer ;
Mais les autres, hélas ! se font sans y penser,
Semblables à ces eaux si pures & si belles
Qui coulent sans effort des sources naturelles.
Ma pitié pour Dom Sylve avoit beau l'émouvoir,
J'en trahissois les soins sans m'en appercevoir ;
Et mes regards au Prince, en un pareil martyre,
En disoient toujours plus que je n'en voulois dire.

ELISE.
Enfin si les soupçons de cet illustre amant,
Puisque vous le voulez, n'ont point de fondement,
Pour le moins font-ils foi d'une ame bien atteinte,
Et d'autres chériroient ce qui fait votre plainte.
De jaloux mouvemens doivent être odieux
S'ils partent d'un amour qui déplaît à nos yeux:
Mais tout ce qu'un amant nous peut montrer d'allarmes
Doit, lorsque nous l'aimons, avoir pour nous des charmes;
C'est par-là que son feu se peut mieux exprimer ;
Et, plus il est jaloux, plus nous devons l'aimer.
Ainsi, puisqu'en votre ame un Prince magnanime...

D. ELVIRE.
Ah ! ne m'avancez point cette étrange maxime.
Par-tout la jalousie est un monstre odieux ;
Rien n'en peut adoucir les traits injurieux ;
Et plus l'amour est cher qui lui donne naissance,
Plus on doit ressentir les coups de cette offense.
Voir un Prince emporté qui perd à tous momens
Le respect que l'amour inspire aux vrais amans ;
Qui, dans les soins jaloux, où son ame se noie ;
Querelle également mon chagrin & ma joie ;
Et dans tous mes regards ne peut rien remarquer,

COMEDIE.

Qu'en faveur d'un rival il ne veuille expliquer :
Non, non, par ces soupçons je suis trop offensée,
Et sans déguisement je te dis ma pensée.
Le Prince Dom Garcie est cher à mes desirs,
Il peut d'un cœur illustre échauffer les soupirs,
Au milieu de Léon on a vu son courage
Me donner de sa flamme un noble témoignage,
Braver en ma faveur les périls les plus grands,
M'enlever aux desseins de nos lâches tyrans,
Et dans ces murs forcés, mettre ma destinée
A couvert des horreurs d'un indigne hymenée ;
Et je ne cele point que j'aurois de l'ennui,
Que la gloire en fût due à quelqu'autre qu'à lui ;
Car un cœur amoureux prend un plaisir extrême
A se voir redevable, Elise, à ce qu'il aime,
Et sa flamme timide ose mieux éclater,
Lorsqu'en favorisant elle croit s'acquitter.
Oui, j'aime qu'un secours, qui hasarde sa tête,
Semble à sa passion donner droit de conquête ;
J'aime que mon péril m'ait jettée en ses mains,
Et, si les bruits communs ne sont pas des bruits
    vains,
Si la bonté du ciel nous ramene mon frere,
Les vœux les plus ardens que mon cœur puisse faire,
C'est que son bras encor sur un perfide sang
Puisse aider à ce frere à reprendre son rang ;
Et par d'heureux succès d'une haute vaillance
Mériter tous les soins de sa reconnoissance :
Mais avec tout cela, s'il pousse mon courroux,
S'il ne purge ses feux de leurs transports jaloux,
Et ne les range aux loix que je lui veux prescrire,
C'est inutilement qu'il prétend Done Elvire :
L'hymen ne peut nous joindre, & j'abhorre des
    nœuds,
Qui deviendront sans doute un enfer pour tous
    deux.

ELISE.
Bien que l'on pût avoir des sentimens tout autres,

C'est au Prince, Madame, à se régler aux vôtres,
Et dans votre billet ils sont si bien marqués,
Que quand il les verra de la sorte expliqués ......

D. ELVIRE.

Je n'y veux point, Elise, employer cette lettre,
C'est un soin qu'à ma bouche il me vaut mieux commettre.
La faveur d'un écrit laisse aux mains d'un amant
Des témoins trop constans de notre attachement:
Ainsi donc empêchez qu'au Prince on ne la livre.

ELISE.

Toutes vos volontés sont des loix qu'on doit suivre;
J'admire cependant que le ciel ait jetté
Dans le goût des esprits tant de diversité,
Et que, ce que les uns regardent comme outrage,
Soit vu par d'autres yeux sous un autre visage.
Pour moi, je trouverois mon sort tout-à-fait doux,
Si j'avois un amant qui pût être jaloux;
Je sçaurois m'applaudir de son inquiétude;
Et ce qui pour mon ame est souvent un peu rude,
C'est de voir Dom Alvar ne prendre aucun souci...

D. ELVIRE.

Nous ne le croyions pas si proche; le voici.

SCENE II.

D. ELVIRE, D. ALVAR, ELISE.

D. ELVIRE.

Votre retour surprend; qu'avez-vous à m'aprendre?
Dom Alphonse vient-il, a-t-on lieu de l'attendre?

D. ALVAR.

Oui, Madame, & ce frere en Castille élevé,
De rentrer dans ses droits voit le tems arrivé.
Jusqu'ici Dom Louis, qui vit à sa prudence.

Par le feu Roi mourant commettre son enfance,
A caché ses destins aux yeux de tout l'état
Pour l'ôter aux fureurs du traître Maurégat ;
Et bien que le tyran depuis sa lâche audace,
L'ait souvent demandé pour lui rendre sa place,
Jamais son zèle ardent n'a pris de sûreté
A l'appas dangereux de sa fausse équité :
Mais les peuples émus par cette violence
Que vous a voulu faire une injuste puissance,
Ce généreux vieillard a cru qu'il étoit tems
D'éprouver le succès d'un espoir de vingt ans :
Il a tenté Léon, & ses fidelles trames
Des grands, comme du peuple, ont pratiqué les ames,
Tandis que la Castille armoit dix mille bras
Pour redonner ce Prince aux vœux de ses états,
Il fait auparavant semer sa renommée,
Et ne veut le montrer qu'en tête d'une armée,
Que tout prêt à lancer le foudre punisseur
Sous qui doit succomber un lâche ravisseur.
On investit Léon, & Dom Sylve en personne.
Commande le secours que son pere vous donne.

D. ELVIRE.

Un secours si puissant doit flatter notre espoir ;
Mais je crains que mon frere y puisse trop devoir.

D. ALVAR.

Mais, Madame, admirez que malgré la tempête,
Que votre usurpateur voit gronder sur sa tête,
Tous les bruits de Léon annoncent pour certain
Qu'à la Comtesse Ignés il va donner la main.

D. ELVIRE.

Il cherche dans l'hymen de cette illustre fille
L'appui du grand crédit où se voit sa famille ;
Je ne reçois rien d'elle, & j'en suis en souci.
Mais son cœur au tyran fut toujours endurci.

ELISE.

De trop puissants motifs d'honneur & de tendresse

Oppofent fes refus aux nœuds dont on la preffe ;
Pour....
D. ALVAR.
Le Prince entre ici.

SCENE III.
D. GARCIE, D. ELVIRE, D. ALVAR, ELISE.

D. GARCIE.

JE viens m'intéreffer,
Madame, au doux efpoir qu'il vous vient d'annoncer.
Ce frere qui menace un tyran plein de crimes
Flatte de mon amour les tranfports légitimes :
Son fort offre à mon bras des périls glorieux
Dont je puis faire hommage à l'éclat de vos yeux,
Et par eux m'acquérir, fi le ciel m'eft propice,
La gloire d'un revers que vous doit fa juftice,
Qui va faire à vos pieds choir l'infidélité,
Et rendre à votre fang toute fa dignité.
Mais ce qui plus me plaît d'une attente fi chere,
C'eft que, pour être roi, le ciel vous rend ce frere ;
Et qu'ainfi mon amour peut éclater au moins
Sans qu'à d'autres motifs on impute fes foins,
Et qu'il foit foupçonné que dans votre perfonne
Il cherche à me gagner les droits d'une couronne.
Oui, tout mon cœur voudroit montrer aux yeux de tous
Qu'il ne regarde en vous autre chofe que vous ;
Et cent fois, fi je puis le dire fans offenfe,
Ses vœux fe font armés contre votre naiffance,
Leur chaleur indifcrette a d'un deftin plus bas
Souhaité le partage à vos divins appas,
Afin que de ce cœur le noble facrifice

COMEDIE.

Pût du ciel envers vous réparer l'injustice,
Et votre sort tenir des mains de mon amour
Tout ce qu'il doit au sang dont vous tenez le jour.
Mais puisqu'enfin les cieux, de tout ce juste hommage,
A mes feux prévenus dérobent l'avantage,
Trouvez bon que ces feux prennent un peu d'espoir
Sur la mort que mon bras s'apprête à faire voir,
Et qu'ils osent briguer par d'illustres services
D'un frere & d'un état les suffrages propices.

D. ELVIRE.
Je sçais que vous pouvez, Prince, en vengeant nos droits,
Faire par votre amour parler cent beaux exploits :
Mais ce n'est pas assez pour le prix qu'il espere.
Que l'aveu d'un état, & la faveur d'un frere.
Done Elvire n'est pas au bout de cet effort,
Et je vous vois à vaincre un obstacle plus fort.

D. GARCIE.
Oui, Madame, j'entends ce que vous voulez dire.
Je sçais bien que pour vous mon cœur en vain soupire,
Et l'obstacle puissant qui s'oppose à mes feux,
Sans que vous le nommiez, n'est pas secret pour eux.

D. ELVIRE.
Souvent on entend mal ce qu'on croit bien entendre,
Et par trop de chaleur, Prince, on se peut méprendre ;
Mais, puisqu'il faut parler, desirez-vous sçavoir
Quand vous pourrez me plaire, & prendre quelque espoir ?

D. GARCIE.
Ce me sera, Madame, une faveur extrême.

D. ELVIRE.
Quand vous sçaurez m'aimer comme il faut que l'on aime.

D. GARCIE.
Et que peut-on, hélas ! observer sous les cieux

Qui ne cède à l'ardeur que m'inspirent vos yeux ?
D. ELVIRE.
Quand votre passion ne fera rien paroître
Dont se puisse indigner celle qui l'a fait naître.
D. GARCIE.
C'est-là son plus grand soin.
D. ELVIRE.
Quand tous ses mouvemens
Ne prendront point de moi de trop bas sentimens.
D. GARCIE.
Ils vous révèrent trop.
D. ELVIRE.
Quand d'un injuste ombrage
Votre raison sçaura me réparer l'outrage,
Et que vous bannirez enfin ce monstre affreux
Qui de son noir venin empoisonne vos feux,
Cette jalouse humeur dont l'importun caprice
Aux vœux que vous m'offrez rend un mauvais office.
S'oppose à leur attente, & contre eux à tous coups
Arme les mouvemens de mon juste courroux.
D. GARCIE.
Ah ! Madame, il est vrai, quelque effort que je fasse,
Qu'un peu de jalousie en mon cœur trouve place,
Et qu'un rival absent de vos divins appas
Au repos de ce cœur vient livrer des combats.
Soit caprice ou raison, j'ai toujours la croyance
Que votre ame en ces lieux souffre de son absence,
Et que, malgré mes soins, vos soupirs amoureux
Vont trouver à tous coups ce rival trop heureux.
Mais si de tels soupçons ont de quoi vous déplaire,
Il vous est bien facile, hélas ! de m'y soustraire ;
Et leur bannissement, dont j'accepte la loi,
Dépend bien plus de vous, qu'il ne dépend de moi.
Oui, c'est vous qui pouvez, par deux mots pleins de flamme,
Contre la jalousie armer toute mon ame ;
Et des pleines clartés d'un glorieux espoir,

Dissiper

COMEDIE.

Diſſiper les horreurs que ce monſtre y fait cheoir.
Daignez donc étouffer le doute qui m'accable,
Et faites qu'un aveu d'une bouche adorable,
Me donne l'aſſurance, au fort de tant d'aſſauts,
Que je ne puis trouver dans le peu que je vaux.

D. ELVIRE.

Prince, de vos ſoupçons la tyrannie eſt grande.
Au moindre mot qu'il dit, un cœur veut qu'on l'entende;
Et n'aime pas ces feux, dont l'importunité
Demande qu'on s'explique avec plus de clarté.
Le premier mouvement qui découvre notre ame
Doit d'un amant diſcret ſatisfaire la flamme;
Et c'eſt à s'en dédire autoriſer nos vœux,
Que vouloir plus avant pouſſer de tels aveux.
Je ne dis point quel choix, s'il m'étoit volontaire,
Entre Dom Sylve & vous mon ame pourroit faire,
Mais vouloir vous contraindre à n'être point jaloux
Auroit dit quelque choſe à tout autre que vous;
Et je croyois cet ordre un aſſez doux langage,
Pour n'avoir pas beſoin d'en dire davantage.
Cependant votre amour n'eſt pas encor content;
Il demande un aveu qui ſoit plus éclatant;
Pour l'ôter de ſcrupule, il me faut à vous-même,
En des termes exprès, dire que je vous aime:
Et peut-être qu'encor, pour vous en aſſurer,
Vous vous obſtineriez à m'en faire jurer.

D. GARCIE.

Hé bien, Madame, hé bien, je ſuis trop téméraire.
De tout ce qui vous plaît je dois me ſatisfaire.
Je ne demande point de plus grande clarté.
Je crois que vous avez pour moi quelque bonté,
Que d'un peu de pitié mon feu vous ſollicite,
Et je me vois heureux plus que je ne mérite.
C'en eſt fait, je renonce à mes ſoupçons jaloux,
L'arrêt qui les condamne eſt un arrêt bien doux,
Et je reçois la loi qu'il daigne me preſcrire,
Pour affranchir mon cœur de leur injuſte empire.

Tome II.   C

D. ELVIRE.

Vous promettez beaucoup, Prince, & je doute fort
Si vous pourrez sur vous faire ce grand effort.

D. GARCIE.

Ah, Madame, il suffit, pour me rendre croyable,
Que ce qu'on vous promet doit être inviolable ;
Et que l'heur d'obéir à sa divinité
Ouvre aux plus grands efforts trop de facilité.
Que le ciel me déclare une éternelle guerre,
Que je tombe à vos pieds d'un éclat de tonnerre,
Ou pour périr encor par de plus rudes coups,
Puissai-je voir sur moi fondre votre courroux ;
Si jamais mon amour descend à la foiblesse
De manquer au devoir d'une telle promesse ;
Si jamais dans mon ame aucun jaloux transport
Fait...

SCENE IV.

D. ELVIRE, D. GARCIE, D. ALVAR, ELISE, UN PAGE *présentant un billet à D. Elvire.*

D. ELVIRE.

J'En étois en peine, & tu m'obliges fort,
Que le courier attende.

COMÉDIE.

SCENE V.
D. ELVIRE, D. GARCIE, D. ALVAR, ELISE.

D. ELVIRE *bas à part.*

A Ces regards qu'il jette,
Vois-je pas que déja cet écrit l'inquiete ?
Prodigieux effet de son tempérament !
    (*haut.*)
Qui vous arrête, Prince, au milieu du serment ?
D. GARCIE.
J'ai cru que vous aviez quelque secret ensemble,
Et je ne voulois pas l'interrompre.
D. ELVIRE
                          Il me semble
Que vous me répondez d'un ton fort altéré.
Je vous vois tout-à-coup le visage égaré.
Ce changement soudain a lieu de me surprendre,
D'où peut-il provenir, le pourroit-on apprendre ?
D. GARCIE.
D'un mal qui tout-à-coup vient d'attaquer mon cœur.
D. ELVIRE.
Souvent plus qu'on ne croit ces maux ont de rigueur,
Et quelque prompt secours vous seroit nécessaire.
Mais encor, dites-moi, vous prend-il d'ordinaire ?
D. GARCIE.
Par fois.
D. ELVIRE.
   Ah, Prince foible ! hé bien, par cet écrit,
Guérissez-le ce mal, il n'est que dans l'esprit !
D. GARCIE.
Par cet écrit, Madame ? Ah ! ma main le refuse.
Je vois votre pensée, & de quoi l'on m'accuse,
Si...

D. ELVIRE.
Lisez-le, vous dis-je, & satisfaites-vous.
D. GARCIE.
Pour me traiter après de foible, de jaloux ?
Non, non, je dois ici vous rendre un témoignage
Qu'à mon cœur cet écrit n'a point donné d'ombrage,
Et bien que vos bontés m'en laissent le pouvoir,
Pour me justifier je ne veux point le voir.
D. ELVIRE.
Si vous vous obstinez à cette résistance,
J'aurois tort de vouloir vous faire violence ;
Et c'est assez enfin que vous avoir pressé
De voir de quelle main ce billet m'est tracé.
D. GARCIE.
Ma volonté toujours vous doit être soumise.
Si c'est votre plaisir que pour vous je le lise,
Je consens volontiers à prendre cet emploi.
D. ELVIRE.
Oui, oui, Prince, tenez, vous le lirez pour moi.
D. GARCIE.
C'est pour vous obéir au moins, & je puis dire...
D. ELVIRE.
C'est ce que vous voudrez, dépêchez-vous de lire,
D. GARCIE.
Il est de Done Ignés, à ce que je connoi.
D. ELVIRE.
Oui. Je m'en réjouis & pour vous & pour moi.
D. GARCIE lit.
Malgré l'effort d'un long mépris,
Le tyran toujours m'aime, & depuis votre absence,
Vers moi, pour me porter au dessein qu'il a pris,
Il semble avoir tourné toute sa violence,
Dont il poursuivoit l'alliance.
De vous & de son fils.

Ceux qui sur moi peuvent avoir empire,
Par de lâches motifs qu'un faux honneur inspire,
Approuvent tous cet indigne lien ;
Mais je mourrai plutôt que de consentir rien.

COMEDIE.

*Puiſſiez-vous jouir belle Elvire,
D'un deſtin plus doux que le mien.*

D. IGNES.

Dans la haute vertu ſon ame eſt affermie.
D. ELVIRE.
Je vais faire réponſe à cette illuſtre amie.
Cependant, apprenez, Prince, à vous mieux armer
Contre ce qui prend droit de vous trop allarmer.
J'ai calmé votre trouble avec cette lumiere,
Et la choſe a paſſé d'une douce maniere:
Mais, à n'en point mentir, il ſeroit des momens
Où je pourrois entrer en d'autres ſentimens.
D. GARCIE.
Hé quoi, vous croyez donc?...
D. ELVIRE.
Je crois ce qu'il faut croire.
Adieu. De mes avis conſervez la mémoire,
Et, s'il eſt vrai pour moi que votre amour ſoit grand,
Donnez-en à mon cœur les preuves qu'il prétend.
D. GARCIE.
Croyez que déſormais c'eſt toute mon envie,
Et qu'avant qu'y manquer, je veux perdre la vie.

Fin du premier Acte.

ACTE II.

SCENE PREMIERE.
ELISE, D. LOPE.

ELISE.

Tout ce que fait le Prince, à parler franche-
	ment,
N'eſt pas ce qui me donne un grand étonnement;
Car que d'un noble amour une ame bien ſaiſie
En pouſſe les tranſports juſqu'à la jalouſie,
Que de doutes fréquens ſes vœux ſoient traverſés,
Il eſt fort naturel, & je l'approuve aſſez:
Mais ce qui me ſurprend, Dom Lope, c'eſt d'entendre
Que vous lui préparez les ſoupçons qu'il doit prendre,
Que votre ame les forme, & qu'il n'eſt en ces lieux
Fâcheux que par vos ſoins, jaloux que par vos yeux,
Encore un coup, Dom Lope, une ame bien épriſe,
Des ſoupçons qu'elle prend, ne me rend point ſur-
	priſe;
Mais qu'on ait ſans amour tous les ſoins d'un jaloux,
C'eſt une nouveauté qui n'appartient qu'à vous.

D. LOPE.
Que ſur cette conduite à ſon aiſe l'on gloſe,
Chacun regle la ſienne au but qu'il ſe propoſe;
Et, rebuté par vous des ſoins de mon amour,
Je ſonge auprès du Prince à bien faire ma cour.

ELISE.
Mais ſavez-vous qu'enfin il fera mal la ſienne,
S'il faut qu'en cette humeur votre eſprit l'entre-
	tiene?

COMEDIE.
D. LOPE.
Et quand, charmante Elise, a-t-on vu, s'il vous plaît,
Qu'on cherche auprès des grands que son propre intérêt ?
Qu'un parfait courtisan veuille charger leur suite
D'un censeur des défauts qu'on trouve en leur conduite ;
Et s'aille inquiéter si son discours leur nuit,
Pourvu que sa fortune en tire quelque fruit ?
Tout ce qu'on fait ne va qu'à se mettre en leur grace ;
Par la plus courte voie on y cherche une place ;
Et les plus prompts moyens de gagner leur faveur,
C'est de flatter toujours le foible de leur cœur ;
D'applaudir en aveugle à ce qu'ils veulent faire,
Et n'appuyer jamais ce qui peut leur déplaire :
C'est-là le vrai secret d'être bien auprès d'eux.
Des utiles conseils font passer pour fâcheux,
Et vous laissent toujours hors de la confidence,
Où vous jette d'abord l'adroite complaisance.
Enfin, on voit par-tout que l'art des courtisans
Ne tend qu'à profiter des foiblesses des grands,
A nourrir leurs erreurs, & jamais dans leur ame
Ne porter les avis des choses qu'on y blâme.
ELISE.
Ces maximes un tems leur peuvent succéder ;
Mais il est des revers qu'on doit appréhender ;
Et dans l'esprit des grands qu'on tâche de surprendre,
Un rayon de lumiere à la fin peut descendre,
Qui sur tous ces flatteurs venge équitablement
Ce qu'a fait à leur gloire un long aveuglement.
Cependant je dirai que votre ame s'explique
Un peu bien librement sur votre politique ;
Et ses nobles motifs, au Prince rapportés,
Serviroient assez mal vos assiduités.
D. LOPE.
Outre que je pourrois désavouer sans blâme
Ces libres vérités sur quoi s'ouvre mon ame ;

C 4

Je sçai fort bien qu'Elise a l'esprit trop discret
Pour aller divulguer cet entretien secret.
Qu'ai-je dit après tout, que sans moi l'on ne sçache?
Et dans mon procédé que faut-il que je cache?
On peut craindre une chûte avec quelque raison,
Quand on met en usage ou ruse ou trahison.
Mais qu'ai-je à redouter, moi, qui par-tout n'avance
Que les soins approuvés d'un peu de complaisance;
Et qui suis seulement par d'utiles leçons
La pente qu'a le Prince à de jaloux soupçons?
Son ame semble en vivre, & je mets mon étude
A trouver des raisons à son inquiétude,
A voir de tous côtés s'il ne se passe rien
A fournir le sujet d'un secret entretien;
Et quand je puis venir, enflé d'une nouvelle,
Donner à son repos une atteinte mortelle;
C'est lors que plus il m'aime, & je vois sa raison
D'une audience avide avaler ce poison,
Et m'en remercier comme d'une victoire
Qui combleroit ses jours de bonheur & de gloire.
Mais mon rival paroît, je vous laisse tous deux,
Et, bien que je renonce à l'espoir de vos vœux,
J'aurois un peu de peine à voir qu'en ma presence
Il reçut des effets de quelque préférence;
Et je veux, si je puis, m'épargner ce souci.

ELISE.
Tout amant de bon sens en doit user ainsi.

SCENE II.
D. ALVAR, ELISE.
D. ALVAR.

ENfin, nous apprenons que le Roi de Navarre
Pour les desirs du Prince aujourd'hui se déclare;
Et qu'un nouveau renfort de troupes nous attend.

COMEDIE.

Pour le fameux service où son amour prétend.
Je suis surpris pour moi qu'avec tant de vîtesse
On ait fait avancer... Mais...

SCENE III.
D. GARCIE, ELISE, D. ALVAR.

D. GARGIE.

Que fait la Princesse ?

ELISE.
Quelques lettres, Seigneur ; je le présume ainsi ;
Mais elle va sçavoir que vous êtes ici.

D. GARCIE.
J'attendrai qu'elle ait fait.

SCENE IV.
D. GARCIE *seul*.

Près de souffrir sa vue,
D'un trouble tout nouveau je me sens l'ame émue,
Et la crainte mêlée à mon ressentiment
Jette par-tout mon corps un soudain tremblement.
Prince, prends garde au moins qu'un aveugle caprice
Ne te conduise ici dans quelque précipice,
Et que de ton esprit les désordres puissans
Ne donnent un peu trop au raport de tes sens :
Consulte ta raison, prends sa clarté pour guide,
Voi si de tes soupçons l'apparence est solide,
Ne démens pas leur voix ; mais aussi garde bien
Que, pour les croire, trop ils ne t'imposent rien,
Qu'à tes premiers transports ils n'osent trop permettre,

Et relis posément cette moitié de lettre.
Ah ! Qu'est-ce que mon cœur, trop digne de pitié,
Ne voudroit pas donner pour son autre moitié !
Mais, après tout, que dis-je ? Il suffit bien de l'une,
Et n'en voilà que trop pour voir mon infortune.

> *Quoique votre rival...*
> *Vous devez toutefois vous...*
> *Et vous avez en vous à...*
> *L'obstacle le plus grand...*

> *Je chéris tendrement ce...*
> *Pour me tirer des mains de...*
> *Son amour, ses devoirs...*
> *Mais il m'est odieux avec...*

> *Otez donc à vos feux ce...*
> *Méritez les regards que l'on...*
> *Et lorsqu'on vous oblige...*
> *Ne vous obstinez point à...*

Oui, mon sort par ces mots est assez éclairci,
Son cœur comme sa main se fait connoître ici ;
Et les sens imparfaits de cet écrit funeste,
Pour s'expliquer à moi, n'ont pas besoin du reste.
Toutefois, dans l'abord agissons doucement,
Couvrons à l'infidele un vif ressentiment ;
Et, de ce que je tiens ne donnant point d'indice,
Confondons son esprit par son propre artifice.
La voici. Ma raison, renferme mes transports,
Et rends-toi pour un tems maîtresse du dehors.

SCENE V.

D. ELVIRE, D. GARCIE.

D. ELVIRE.

Vous avez bien voulu que je vous fisse attendre!

D. GARCIE *bas à part.*

Ah, qu'elle cache bien!...

D. ELVIRE.

On vient de nous apprendre
Que le Roi votre pere approuve vos projets,
Et veut bien que son fils nous rende nos sujets;
Et mon ame en a pris une allégresse extrême.

D. GARCIE.

Oui, Madame, & mon cœur s'en réjouit de même;
Mais...

D. ELVIRE.

Le Tyran, sans doute, aura peine à parer
Les foudres que par-tout il entend murmurer;
Et j'ose me flatter que le même courage
Qui put bien me soustraire à sa brutale rage,
Et, dans les murs d'Astorgue arraché de ses mains,
Me faire un sûr asyle à braver ses desseins,
Pourra, de tout Léon achevant la conquête,
Sous ses nobles efforts faire choir cette tête.

D. GARCIE.

Le succès en pourra parler dans quelques jours.
Mais, de grace, passons à quelqu'autre discours.
Puis-je, sans trop oser, vous prier de me dire
A qui vous avez pris, Madame, soin d'écrire
Depuis que le destin nous a conduits ici?

D. ELVIRE.

Pourquoi cette demande? Et d'où vient ce souci?

D. GARCIE.

D'un desir curieux de pure fantaisie.

D. ELVIRE.
La curiosité naît de la jalousie.
D. GARCIE.
Non, ce n'est rien du tout de ce que vous pensez.
Vos ordres de ce mal me défendent assez.
D. ELVIRE.
Sans chercher plus avant quel intérêt vous presse ;
J'ai deux fois à Léon écrit à la Comtesse,
Et deux fois au Marquis Dom Louis à Burgos.
Avec cette réponse êtes-vous en repos ?
D. GARCIE.
Vous n'avez point écrit à quelqu'autre personne,
Madame ?
D. ELVIRE.
Non, sans doute, & ce discours m'étonne.
D. GARCIE.
De grace, songez bien, avant que d'assurer.
En manquant de mémoire on peut se parjurer.
D. ELVIRE.
Ma bouche sur ce point ne peut être parjure.
D. GARCIE.
Elle a dit toutefois une haute imposture.
D. ELVIRE.
Prince ?
D. GARCIE.
Madame ?
D. ELVIRE.
O ciel ! Quel est ce mouvement ?
Avez-vous, dites-moi, perdu le jugement ?
D. GARCIE.
Oui, oui, je l'ai perdu, lorsque dans votre vue
J'ai pris pour mon malheur, le poison qui me tue ;
Et que j'ai crû trouver quelque sincérité
Dans les traîtres appas dont je fus enchanté.
D. ELVIRE.
De quelle trahison pouvez-vous donc vous plaindre ?

COMEDIE.
D. GARCIE.
Ah ! que ce cœur est double, & sçait bien l'art de feindre !
Mais tous moyens de fuir lui vont être soustraits.
Jettez ici les yeux, & connoissez vos traits.
Sans avoir vu le reste, il m'est assez facile
De découvrir pour qui vous employez ce style.
D. ELVIRE.
Voilà donc le sujet qui vous trouble l'esprit ?
D. GARCIE.
Vous ne rougissez pas en voyant cet écrit ?
D. ELVIRE.
L'innocence à rougir n'est point accoutumée.
D. GARCIE.
Il est vrai qu'en ces lieux on la voit opprimée.
Ce billet démenti pour n'avoir point de seing....
D. ELVIRE.
Pourquoi le démentir, puisqu'il est de ma main ?
D. GARCIE.
Encore est-ce beaucoup que, de franchise pure,
Vous demeuriez d'accord que c'est votre écriture ;
Mais ce sera, sans doute, & j'en serois garant,
Un billet qu'on envoie à quelque indifférent ;
Ou du moins, ce qu'il a de tendresse évidente,
Sera pour un amie, ou pour quelque parente.
D. ELVIRE.
Non, c'est pour un amant que ma main l'a formé,
Et j'ajoute de plus pour un amant aimé.
D. GARCIE.
Et je puis, ô perfide....
D. ELVIRE.
    Arrêtez, Prince indigne,
De ce lâche transport, l'égarement insigne.
Bien que de vous mon cœur ne prenne point de loi,
Et ne doive en ces lieux aucun compte qu'à soi,
Je veux bien me purger, pour votre seul supplice,
Du crime que m'impose un insolent caprice.
Vous serez éclairci, n'en doutez nullement.

J'ai ma défenſe prête en ce même moment.
Vous allez recevoir une pleine lumiere.
Mon innocence ici paroîtra toute entiere ;
Et je veux, vous mettant juge en votre intérêt,
Vous faire prononcer vous-même votre atrêt.
D. GARCIE.
Ce ſont propos obſcurs qu'on ne ſçauroit comprendre.
D. ELVIRE.
Bientôt à vos dépens vous me pourrez entendre.
Eliſe, holà.

SCENE VI.
D. GARCIE, D. ELVIRE, ELISE.

ELISE.

MAdame.
D. ELVIRE *à Don Garcie.*
      Obſervez bien, au moins,
Si j'oſe à vous tromper employer quelques ſoins;
Si par un ſeul coup d'œil, ou geſte qui l'inſtruiſe,
Je cherche de ce coup à parer la ſurpriſe.
 (*à Eliſe.*)
Le billet que tantôt ma main avoit tracé,
Répondez promptement, où l'avez-vous laiſſé?
ELISE.
Madame, j'ai ſujet de m'avouer coupable.
Je ne ſçais comme il eſt demeuré ſur ma table;
Mais on vient de m'apprendre en ce même moment
Que Dom Lope, venant dans mon appartement,
Par une liberté qu'on lui voit ſe permettre,
A fureté par-tout, & trouvé cette lettre.
Comme il la déplioit, Léonor a voulu
S'en ſaiſir promptement, avant qu'il eût rien lu;
Et, ſe jettant ſur lui, la lettre conteſtée

COMEDIE.

En deux justes moitiés dans leurs mains est restée ;
Et Dom Lope aussi-tôt prenant un prompt essor,
A dérobé la sienne aux soins de Léonor.

D. ELVIRE.
Avez-vous ici l'autre ?

ELISE.
Oui, la voilà, Madame.

D. ELVIRE.
(*à D. Garcie.*)
Donnez. Nous allons voir qui mérite le blâme.
Avec votre moitié rassemblez celle-ci ;
Lisez, & hautement ; je veux l'entendre aussi.

D. GARCIE.
Au Prince Dom Garcie. Ah !

D. ELVIRE.
Achevez de lire ;
Votre ame, pour ce mot, ne doit pas s'interdire.

D. GARCIE *lit.*
Quoique votre rival, Prince, alarme votre ame,
Vous devez toutefois vous craindre plus que lui,
Et vous avez en vous à détruire aujourd'hui
L'obstacle le plus grand que trouve votre flamme.
Je chéris tendrement ce qu'a fait Dom Garcie
Pour me tirer des mains de nos fiers ravisseurs,
Son amour, ses devoirs ont pour moi des douceurs;
Mais il m'est odieux avec sa jalousie.
Otez donc à vos feux ce qu'ils en font paroître,
Méritez les regards que l'on jette sur eux ;
Et lorsqu'on vous oblige à vous tenir heureux,
Ne vous obstinez point à ne pas vouloir l'être.

D. ELVIRE.
Hé bien, que dites-vous ?

D. GARCIE.
Ah ! Madame, je dis
Qu'à cet objet mes sens demeurent interdits ;
Que je vois dans ma plainte une horrible injustice,
Et qu'il n'est point pour moi d'assez cruel supplice,

D. ELVIRE.

Il suffit. Apprenez que si j'ai souhaité
Qu'à vos yeux cet écrit pût être presenté,
C'est pour le démentir & cent fois me dédire
De tout ce que pour vous vous y venez de lire.
Adieu, Prince.

D. GARCIE.
   Madame, hélas ! où fuyez-vous ?

D. ELVIRE.
Où vous ne serez point, trop odieux jaloux.

D. GARCIE.
Ah ! Madame, excusez un amant misérable
Qu'un sort prodigieux a fait vers vous coupable,
Et qui, bien qu'il vous cause un courroux si puis-
 sant,
Eût été plus blâmable à rester innocent.
Car enfin, peut-il être une ame bien atteinte
Dont l'espoir le plus doux ne soit mêlé de crainte ?
Et pourriez-vous penser que mon cœur eût aimé,
Si ce billet fatal ne l'eut point alarmé ?
S'il n'avoit point frémi des coups de cette foudre,
Dont je me figurois tout mon bonheur en poudre ?
Vous-même, dites-moi si cet événement
N'eut pas dans mon erreur jetté tout autre amant ;
Si d'une preuve, hélas ! qui me sembloit si claire,
Je pouvois démentir….

D. ELVIRE.
    Oui, vous le pouviez faire ;
Et dans mes sentimens, assez bien déclarés,
Vos doutes rencontroient des garants assurés ;
Vous n'aviez rien à craindre, & d'autre sur ce gage,
Auroient du monde entier bravé le témoignage.

D. GARCIE.
Moins on mérite un bien qu'on nous fait espérer,
Plus notre ame a de peine à pouvoir s'assurer.
Un sort trop plein de gloire à nos yeux est fragile,
Et nous laisse aux soupçons une pente facile.
Pour moi, qui crois si peu mériter vos bontés,

COMEDIE.

J'ai douté du bonheur de mes témérités.
J'ai cru que dans ces lieux, rangés sous ma puissance,
Votre ame se forçoit à quelque complaisance ;
Que déguisant pour moi votre sévérité....

D. ELVIRE.

Et je pourrois descendre à cette lâcheté ?
Moi, prendre le parti d'une honteuse feinte,
Agir par les motifs d'une servile crainte,
Trahir mes sentimens, &, pour être en vos mains,
D'un masque de faveur vous couvrir mes dédains ?
La gloire sur mon cœur auroit si peu d'empire ;
Vous pouvez le penser, & vous me l'osez dire ?
Aprenez que ce cœur ne sçait point s'abaisser ;
Qu'il n'est rien sous les cieux qui puisse l'y forcer,
Et, s'il vous a fait voir, par une erreur insigne,
Des marques de bonté dont vous n'étiez pas digne,
Qu'il sçaura bien montrer, malgré votre pouvoir,
La haine que pour vous il se résout d'avoir ;
Braver votre furie, & vous faire connoître
Qu'il n'a point été lâche, & ne veut jamais l'être.

D. GARCIE.

Hé bien, je suis coupable, & ne m'en défends pas :
Mais je demande grace à vos divins appas ;
Je la demande au nom de la plus vive flamme
Dont jamais deux beaux yeux aient fait brûler une
    ame.
Que si votre courroux ne peut être appaisé,
Si mon crime est trop grand pour se voir excusé,
Si vous ne regardez ni l'amour qui le cause,
Ni le vif repentir que mon cœur vous expose,
Il faut qu'un coup heureux, en me faisant mourir,
M'arrache à des tourmens que je ne puis souffrir.
Non, ne présumez pas qu'ayant sçu vous déplaire,
Je puisse vivre une heure avec votre colere.
Déjà de ce moment la barbare langueur
Sous ses cuisans remords fait succomber mon cœur,
Et de mille vautours les blessures cruelles
N'ont rien de comparable à ses douleurs mortelles.

Madame, vous n'avez qu'à me le déclarer,
S'il n'eſt point de pardon que je doive eſpérer,
Cette épée auſſi-tôt, par un coup favorable,
Va percer à vos yeux le cœur d'un miſérable ;
Ce cœur, ce traître cœur, dont les perplexités
Ont ſi fort outragé vos extrêmes bontés :
Trop heureux en mourant, ſi ce coup légitime
Efface en votre eſprit l'image de mon crime,
Et ne laiſſe aucuns traits de votre averſion
Au foible ſouvenir de mon affection :
C'eſt l'unique faveur que demande ma flamme.

D. ELVIRE.

Ah ! Prince trop cruel.

D. GARCIE.

Dites, parlez, Madame.

D. ELVIRE.

Faut-il encor pour vous conſerver des bontés,
Et vous voir m'outrager par tant d'indignités ?

D. GARCIE.

Un cœur ne peut jamais outrager quand il aime,
Et ce que ſçait l'amour, il l'excuſe lui-même.

D. ELVIRE.

L'amour n'excuſe point de tels emportemens.

D. GARCIE.

Tout ce qu'il a d'ardeur paſſe en ſes mouvemens,
Et plus il devient fort, plus il trouve de peine...

D. ELVIRE.

Non, ne m'en parlez point, vous méritez ma haine.

D. GARCIE.

Vous me haïſſez donc ?

D. ELVIRE.

J'y veux tâcher au moins,
Mais, hélas, je crains bien que j'y perde mes ſoins,
Et que tout le courroux qu'excite votre offenſe
Ne puiſſe juſques-là faire aller ma vengeance.

D. GARCIE.

D'un ſupplice ſi grand ne tentez point l'effort,

COMEDIE.

Puisque pour vous venger je vous offre ma mort;
Prononcez-en l'arrêt & j'obéis sur l'heure.
D. ELVIRE.
Qui ne sçauroit haïr, ne peut vouloir qu'on meure.
D. GARCIE.
Et moi, je ne puis vivre, à moins que vos bontés
Accordent un pardon à mes témérités.
Résolvez l'un des deux, de punir ou d'absoudre.
D. ELVIRE.
Hélas! J'ai trop fait voir ce que je puis résoudre.
Par l'aveu d'un pardon n'est-ce pas se trahir
Que dire au criminel qu'on ne le peut haïr?
D. GARCIE.
Ah! c'en est trop; souffrez, adorable Princesse....
D. ELVIRE.
Laissez; je me veux mal d'un telle foiblesse.
D. GARCIE *seul*.
Enfin je suis....

SCENE VII.
D. GARCIE, D. LOPE.

D. LOPE.

SEigneur, je viens vous informer
D'un secret dont vos feux ont droit de s'allarmer.
D. GARCIE.
Ne me viens point parler de secret, ni d'allarme,
Dans les doux mouvemens du transport qui me charme.
Après ce qu'à mes yeux on vient de presenter,
Il n'est point de soupçons que je doive écouter;
Et d'un divin objet la bonté sans pareille
A tous ces vains rapports doit fermer mon oreille.
Ne m'en fais plus.

D. LOPE.
Seigneur, je veux ce qu'il vous plaît.
Mes soins en tout ceci n'ont que votre intérêt.
J'ai cru que le secret que je viens de surprendre,
Méritoit bien qu'en hâte on vous le vînt apprendre ;
Mais puisque vous voulez que je n'en touche rien,
Je vous dirai, Seigneur, pour changer d'entretien,
Que déjà dans Léon on voit chaque famille
Lever le masque au bruit des troupes de Castille,
Et que sur-tout le peuple y fait pour son vrai Roi
Un éclat à donner au tyran de l'effroi.

D. GARCIE.
La Castille du moins n'aura pas la victoire,
Sans que nous essayions d'en partager la gloire ;
Et nos troupes aussi peuvent être en état
D'imprimer quelque crainte au cœur de Maurégat.
Mais quel est ce secret dont tu voulois m'instruire :
Voyons un peu.

D. LOPE.
Seigneur, je n'aï rien à vous dire.

D. GARCIE.
Va, va, parle, mon cœur t'en donne le pouvoir.

D. LOPE.
Vos paroles, Seigneur, m'en ont trop fait sçavoir,
Et puisque mes avis ont de quoi vous déplaire,
Je sçaurai désormais trouver l'art de me taire.

D. GARCIE.
Enfin, je veux sçavoir la chose absolument.

D. LOPE.
Je ne replique point à ce commandement ;
Mais, Seigneur, en ce lieu le devoir de mon zele
Trahiroit le secret d'une telle nouvelle.
Sortons pour vous l'apprendre, &, sans rien embrasser,
Vous-même vous verrez ce qu'on en doit penser.

Fin du second Acte.

COMEDIE.

ACTE III.

SCENE PREMIERE.
D. ELVIRE, ELISE.

D. ELVIRE.

Elise, que dis-tu de l'étrange foiblesse
Que vient de témoigner le cœur d'une Princesse ?
Que dis-tu de me voir tomber si promptement
De toute la chaleur de mon ressentiment ?
Et, malgré tant d'éclat, relâcher mon courage
Au pardon trop honteux d'un si cruel outrage ?

ELISE.
Moi, je dis que d'un cœur que nous pouvons chérir,
Une injure sans doute est bien dure à souffrir :
Mais que s'il n'en est point qui davantage irrite,
Il n'en est point aussi qu'on pardonne si vite,
Et qu'un coupable aimé triomphe à nos genoux
De tous les prompts transports du plus bouillant
    courroux,
D'autant plus aisément, Madame, quand l'offense
Dans un excès d'amour peut trouver sa naissance.
Ainsi, quelque dépit que l'on vous ait causé,
Je ne m'étonne point de le voir appaisé ?
Et je sçais quel pouvoir, malgré votre menace,
A de pareils forfaits donnera toujours grace.

D. ELVIRE.
Ah! sçache, quelque ardeur qui m'impose des loix,
Que mon front a rougi pour la derniere fois ;
Et que si désormais on pousse ma colere,
Il n'est point de retour qu'il faille qu'on espere ;
Quand je pourrois reprendre un tendre sentiment,
C'est assez contre lui que l'éclat d'un serment :

Car enfin un esprit qu'un peu d'orgueil inspire,
Trouve beaucoup de honte à se pouvoir dédire ;
Et souvent aux dépens d'un pénible combat,
Fait sur ses propres vœux un illustre attentat,
S'obstine par honneur, & n'a rien qu'il n'immole
A la noble fierté de tenir sa parole.
Ainsi, dans le pardon que l'on vient d'obtenir,
Ne prend point de clartés pour régler l'avenir ;
Et, quoiqu'à mes destins la fortune prépare,
Croire que je ne puis être au Prince de Navarre,
Que, de ces noirs accès qui troublent sa raison,
Il n'ait fait éclater l'entiere guérison,
Et réduit tout mon cœur, que ce mal persécute,
A n'en plus redouter l'affront d'une rechûte.

ELISE.
Mais quel affront nous fait le transport d'un jaloux?

D. ELVIRE.
En est-il un qui soit plus digne de courroux ?
Et, puisque notre cœur fait un effort extrême
Lorsqu'il se peut résoudre à confesser qu'il aime,
Puisque l'honneur du sexe, en tout tems rigoureux,
Oppose un fort obstacle à de pareils aveux,
L'amant qui voit pour lui franchir un tel obstacle,
Doit-il impunément douter de cet oracle ?
Et n'est-il pas coupable, alors qu'il ne croit pas
Ce qu'on ne dit jamais qu'après de grands combats ?

ELISE.
Moi, je tiens que toujours un peu de défiance
En ces occasions n'a rien qui nous offense ;
Et qu'il est dangereux qu'un cœur qu'on a charmé,
Soit trop persuadé, Madame, d'être aimé :
Si.....

D. ELVIRE.
N'en disputons plus. Chacun a sa pensée.
C'est un scrupule enfin dont mon ame est blessée ;

COMEDIE. 71

Et contre mes defirs; je fens je ne fçais quoi
Me prédire un éclat entre le Prince & moi,
Qui, malgré ce qu'on doit aux vertus dont il brille..?
Mais, ô ciel ! en ces lieux, Dom Sylve de Caftille !

SCENE II.

D. ELVIRE, D. ALPHONSE *crû D. Sylve*, ELISE.

D. ELVIRE.

AH ! Seigneur, par quel fort vous vois-je maintenant ?

D. ALPHONSE.

Je fçais que mon abord, Madame, eft furprenant,
Et, qu'être fans éclat entré dans cette Ville
Dont l'ordre d'un rival rend l'accès difficile,
Qu'avoir pu me fouftraire aux yeux de fes foldats,
C'eft un événement que vous n'entendiez pas.
Mais fi j'ai dans ces lieux franchi quelques obftacles,
L'ardeur de vous revoir peut bien d'autres miracles,
Tout mon cœur a fenti par de trop rudes coups
Le rigoureux deftin d'être éloigné de vous,
Et je n'ai pu nier au tourment qui le tue
Quelques momens fecrets d'une fi chere vue.
Je viens vous dire donc que je rends graces aux cieux
De vous voir hors des mains d'un tyran odieux ;
Mais parmi les douceurs d'une telle aventure,
Ce qui m'eft un fujet d'éternelle torture,
C'eft de voir, qu'à mon bras les rigueurs de mon fort
Ont envié l'honneur de cet illuftre effort,
Et fait à mon rival avec trop d'injuftice,
Offrir les doux périls d'un fi fameux fervice.
Oui, Madame, j'avois pour rompre vos liens.

Des sentimens, sans doute, aussi beaux que les siens;
Et je pouvois pour vous gagner cette victoire,
Si le ciel n'eut voulu m'en dérober la gloire.
D. ELVIRE.
Je sçais, Seigneur, je sçais que vous avez un cœur
Qui des plus grands périls vous peut rendre vainqueur ;
Et je ne doute point que ce généreux zele
Dont la chaleur vous pousse à venger ma querelle.
N'eût contre les efforts d'un indigne projet
Pû faire en ma faveur tout ce qu'un autre a fait.
Mais, sans cette action dont vous étiez capable,
Mon sort à la Castille est assez redevable ;
On sçait ce qu'en ami plein d'ardeur & de foi,
Le Comte votre pere a fait pour le feu Roi ;
Après l'avoir aidé jusqu'à l'heure derniere,
Il donne en ses états un asyle à mon frere.
Quatre lustres entiers il y cache son sort
Aux barbares fureurs de quelque lâche effort ;
Et, pour rendre à son front l'éclat d'une couronne,
Contre nos ravisseurs vous marchez en personne.
N'êtes-vous pas content, & ces soins généreux
Ne m'attachent-ils point par d'assez puissans nœuds?
Quoi ! Votre ame, Seigneur, seroit-elle obstinée
A vouloir asservir toute ma destinée ?
Et faut-il que jamais il ne tombe sur nous
L'ombre d'un seul bienfait, qu'il ne vienne de vous?
Ah ! souffrez, dans les maux où mon destin m'expose,
Qu'au soin d'un autre aussi je doive quelque chose ;
Et ne vous plaignez point de voir un autre bras
Acquérir de la gloire, où le vôtre n'est pas.
D. ALPHONSE.
Oui, Madame, mon cœur doit cesser de s'en plaindre.
Avec trop de raison vous voulez m'y contraindre,
Et c'est injustement qu'on se plaint d'un malheur,

Quand un autre plus grand s'offre à notre douleur.
Ce secours d'un rival m'est un cruel martyre :
Mais, hélas, de mes maux ce n'est pas-là le pire,
Le coup, le rude coup dont je suis atterré,
C'est de me voir par vous ce rival préféré.
Oui, je ne vois que trop que ses feux pleins de gloire.
Sur les miens dans votre ame emportent la victoire ;
Et cette occasion de servir vos appas,
Cet avantage offert de signaler son bras,
Cet éclatant exploit qui vous fut salutaire,
N'est que le pur effet du bonheur de vous plaire,
Que le secret pouvoir d'un astre merveilleux
Qui fait tomber la gloire où s'attachent vos vœux.
Ainsi tous mes efforts ne seront que fumée.
Contre vos fiers tyrans je conduis une armée ;
Mais je marche en tremblant à cet illustre emploi,
Assuré que vos vœux ne seront pas pour moi ;
Et que, s'ils sont suivis, la fortune prépare
L'heur des plus beaux succès aux soins de la Navarre.
Ah ! madame, faut-il me voir précipité
De l'espoir glorieux dont je m'étois flatté ;
Et ne puis-je savoir quels crimes on m'impute,
Pour avoir mérité cette effroyable chûte ?

D. ELVIRE.

Ne me demandez rien, avant que regarder
Ce qu'à mes sentimens vous devez demander ;
Et, sur cette froideur qui semble vous confondre,
Répondez-vous, Seigneur, ce que je puis répondre ?
Car enfin tous vos soins ne sauroient ignorer
Quels secrets de votre ame on m'a su déclarer,
Et je la crois, cette ame, & trop noble & trop haute,
Pour vouloir m'obliger à commettre une faute.
Vous-même, dites-vous, s'il est de l'équité
De me voir couronner une infidélité ;
Si vous pouvez m'offrir, sans beaucoup d'injustice,

Tome II.   D

Un cœur a d'autres yeux offert en sacrifice ?
Vous plaindre avec raison, & blâmer mes refus,
Lorsqu'ils veulent d'un crime affranchir vos vertus.
Oui, Seigneur, c'est un crime, & les premieres flammes
Ont des droits si sacrés sur les illustres ames,
Qu'il faut perdre grandeurs, & renoncer au jour,
Plutôt que de pencher vers un second amour.
J'ai pour vous cette ardeur que peut prendre l'estime
Pour un courage haut, pour un cœur magnanime ;
Mais n'exigez de moi que ce que je vous dois,
Et soutenez l'honneur de votre premier choix.
Malgré vos feux nouveaux, voyez quelle tendresse
Vous conserve le cœur de l'aimable Comtesse,
Ce que, pour un ingrat, (car vous l'êtes, Seigneur,)
Elle a d'un choix constant refusé le bonheur,
Quel mépris généreux, dans son ardeur extréme,
Elle a fait de l'éclat que donne un diadême ;
Voyez combien d'efforts pour vous elle a bravés,
Et rendez à son cœur ce que vous lui devez.

D. ALPHONSE.

Ah ! Madame, à mes yeux n'offrez point son mérite,
Il n'est que trop present à l'ingrat qui la quitte,
Et si mon cœur vous dit ce que pour elle il sent,
J'ai peur qu'il ne soit pas envers vous innocent.
Oui, ce cœur l'ose plaindre, & ne fuit pas sans peine
L'impérieux effort de l'amour qui l'entraîne,
Aucun espoir pour vous n'a flatté mes desirs,
Qui ne m'ait arraché pour elle des soupirs ;
Qui n'ait dans ses douceurs fait jetter à mon ame
Quelques tristes regards vers sa premiere flamme :
Se reprocher l'effet de vos divins attraits,
Et mêler des remords à mes plus chers souhaits.
J'ai fait plus que cela, puisqu'il vous faut tout dire,
Oui, j'ai voulu sur moi vous ôter votre empire.

COMEDIE.

Sortir de votre chaîne, & rejetter mon cœur,
Sous le joug innocent de son premier vainqueur.
Mais, après mes efforts, ma constance abattue
Voit un cours nécessaire à ce mal qui me tue ;
Et, dût être mon sort à jamais malheureux,
Je ne puis renoncer à l'espoir de mes vœux.
Je ne saurois souffrir l'épouventable idée
De vous voir par un autre à mes yeux possédée ;
Et le flambeau du jour, qui m'offre à vos appas,
Doit avant cet hymen éclairer mon trépas.
Je sais que je trahis une Princesse aimable ;
Mais, Madame, après tout, mon cœur est-il coupable ?
Et le fort ascendant que prend votre beauté,
Laisse-t-il aux esprits aucune liberté ?
Hélas ! je suis ici bien plus à plaindre qu'elle,
Son cœur, en me perdant, ne perd qu'un infidele,
D'un pareil déplaisir on se peut consoler ;
Mais moi, par un malheur qui ne peut s'égaler,
J'ai celui de quitter une aimable personne,
Et tous les maux encor que mon amour me donne.

D. ELVIRE.

Vous n'avez que les maux que vous voulez avoir,
Et toujours notre cœur est en notre pouvoir ;
Il peut bien quelquefois montrer quelque foiblesse :
Mais enfin sur nos sens la raison est maîtresse...

SCENE III.

D. GARCIE, D. ELVIRE, D. ALPHONSE, *cru D. Sylve.*

D. GARCIE.

Madame, mon abord, comme je connois bien,
Aſſez mal-à-propos trouble votre entretien,
Et mes pas en ce lieu, s'il faut que je le die,
Ne croyoient pas trouver ſi bonne compagnie.

D. ELVIRE.
Cette vue, en effet, ſurprend au dernier point,
Et, de même que vous, je ne l'attendois point.

D. GARCIE.
Oui, Madame, je crois que de cette viſite,
Comme vous l'aſſurez, vous n'étiez point inſtruite.
(*à Dom Sylve.*)
Mais, Seigneur, vous deviez nous faire au moins l'honneur
De nous donner avis de ce rare bonheur;
Et nous mettre en état, ſans nous vouloir ſurprendre,
De vous rendre en ces lieux ce qu'on voudroit vous rendre.

D. ALPHONSE.
Les héroïques ſoins vous occupent ſi fort,
Que de vous en tirer, Seigneur, j'aurois eu tort ;
Et des grands conquérans les ſublimes penſées
Sont aux civilités avec peine abaiſſées.

D. GARCIE.
Mais les grands conquérans, dont on vante les ſoins,
Loin d'aimer le ſecret, affectent les témoins :
Leur ame, dès l'enfance à la gloire élevée,
Les fait dans leurs projets aller tête levée,
Et, s'appuyant toujours ſur des hauts ſentimens,
Ne s'abaiſſe jamais à des déguiſemens.

COMEDIE.

Ne commettez-vous point vos vertus héroïques
En paſſant dans ces lieux par des ſourdes pratiques ?
Et ne craignez-vous point qu'on puiſſe aux yeux
    de tous
Trouver cette action trop indigne de vous ?
D. ALPHONSE.
Je ne ſais ſi quelqu'un blamera ma conduite,
Au ſecret que j'ai fait d'une telle viſite ;
Mais je ſais qu'aux projets qui veulent la clarté,
Prince, je n'ai jamais cherché l'obſcurité ;
Et, quand j'aurai ſur vous à faire une entrepriſe,
Vous n'aurez pas ſujet de blâmer la ſurpriſe,
Il ne tiendra qu'à vous de vous en garantir,
Et l'on prendra le ſoin de vous en avertir.
Cependant demeurons aux termes ordinaires,
Remettons nos débats après d'autres affaires ;
Et, d'un ſang un peu chaud réprimant les bouillons,
N'oublions pas tous deux devant qui nous parlons.
D. ELVIRE à Dom Garcie.
Prince, vous avez tort, & ſa viſite eſt telle
Que vous...
D. GARCIE.
    Ah ! ç'en eſt trop que prendre ſa querelle,
Madame, & votre eſprit devroit feindre un peu
    mieux,
Lorſqu'il veut ignorer ſa venue en ces lieux.
Cette chaleur ſi prompte à vouloir la défendre,
Perſuade aſſez mal qu'elle ait pu vous ſurprendre.
D. ELVIRE.
Quoique vous ſoupçonniez, il m'importe ſi peu
Que j'aurois du regret d'en faire un déſaveu.
D. GARCIE.
Pouſſez donc juſqu'au bout cet orgueil héroïque,
Et que ſans héſiter tout votre cœur s'explique ;
C'eſt au déguiſement donner trop de crédit.
Ne déſavouez rien, puiſque vous l'avez dit.
Tranchez, tranchez le mot, forcez toute contrainte ;

Dites que de ses feux vous ressentez l'atteinte,
Que pour vous sa presence a des charmes si doux....
D. ELVIRE.
Et, si je veux l'aimer, m'en empêcherez-vous ?
Avez-vous sur mon cœur quelque empire à pré-
    tendre ?
Et, pour régler mes vœux, ai-je votre ordre à
    prendre ?
Sachez que trop d'orgueil a pu vous décevoir
Si votre cœur sur moi s'est cru quelque pouvoir ;
Et que mes sentimens sont d'une ame trop grande
Pour vouloir les cacher, lorsqu'on me les demande.
Je ne vous dirai point si le Comte est aimé ;
Mais apprenez de moi qu'il est fort estimé ;
Que ses hautes vertus, pour qui je m'intéresse,
Méritent mieux que vous les vœux d'une Princesse,
Que je garde aux ardeurs, aux soins qu'il me fait
    voir
Tout le ressentiment qu'une ame puisse avoir :
Et que, si des destins la fatale puissance
M'ôte la liberté d'être sa récompense,
Au moins est-il en moi de promettre à ses vœux,
Qu'on ne me verra point le butin de vos feux ;
Et, sans vous amuser d'une attente frivole,
C'est à quoi je m'engage, & je tiendrai parole.
Voilà mon cœur ouvert, puisque vous le voulez,
Et mes vrais sentimens à vos yeux étalés.
Etes-vous satisfait ? Et mon ame attaquée
S'est-elle, à votre avis, assez bien expliquée ?
Voyez, pour vous ôter tout lieu de soupçonner,
S'il reste quelque jour encore à vous donner.
(à Dom Sylve.)
Cependant, si vos soins s'attachent à me plaire,
Songez que votre bras, Comte, m'est nécessaire ;
Et, d'un capricieux quels que soient les transports
Qu'à punir nos tyrans il doit tous ses efforts.
Fermez l'oreille enfin à toute sa furie,
Et pour vous y porter, c'est moi qui vous en prie.

COMEDIE.

SCENE IV.
D. GARCIE, D. ALPHONSE, cru D. Sylve.

D. GARCIE.

Tout vous rit, & votre ame en cette occasion
Jouit superbement de ma confusion.
Il vous est doux de voir un aveu plein de gloire,
Sur les feux d'un rival marquer votre victoire;
Mais c'est à votre joie un surcroît sans égal,
D'en avoir pour témoins les yeux de ce rival;
Et mes prétentions hautement étouffées,
A vos vœux triomphants sont d'illustres trophées.
Goûtez à pleins transports ce bonheur éclatant;
Mais sçachez qu'on n'est pas encore où l'on prétend.
La fureur qui m'anime a de trop justes causes,
Et l'on verra peut-être arriver bien des choses.
Un désespoir va loin quand il est échappé,
Et tout est pardonnable à qui se voit trompé.
Si l'ingrate à mes yeux, pour flatter votre flamme,
A jamais n'être à moi vient d'engager son ame,
Je sçaurai bien trouver dans mon juste courroux
Les moyens d'empêcher qu'elle ne soit à vous.

D. ALPHONSE.
Cet obstacle n'est pas ce qui me met en peine.
Nous verrons quelle attente en tout cas sera vaine,
Et chacun de ses feux pourra par sa valeur
Ou défendre la gloire, ou venger le malheur.
Mais comme, entre rivaux, l'ame la plus posée
A des termes d'aigreur trouve une pente aisée,
Et que je ne veux point qu'un pareil entretien
Puisse trop échauffer votre esprit & le mien;
Prince, affranchissez-moi d'une gêne secrette,
Et me donnez moyen de faire ma retraite.

D. GARCIE.

Non, non, ne craignez point qu'on pouſſe votre eſprit
A violer ici l'ordre qu'on vous preſcrit.
Quelque juſte fureur qui me preſſe & vous flatte,
Je ſçai, Comte, je ſçai quand il faut qu'elle éclate,
Ces lieux vous ſont ouverts, oui, ſortez-en, ſortez
Glorieux des douceurs que vous en remportez ;
Mais encore une fois, apprenez que ma tête
Peut ſeule dans vos mains mettre votre conquête.

D. ALPHONSE.

Quand nous en ferons-là, le ſort en notre bras
De tous nos intérêts vuidera les débats.

Fin du troiſieme Acte.

ACTE IV.

SCENE PREMIERE.
D. ELVIRE, D. ALVAR.

D. ELVIRE.

Retournez, Dom Alvar, & perdez l'espérance
De me persuader l'oubli de cette offense.
Cette plaie en mon cœur ne sçauroit se guérir,
Et les soins qu'on en prend ne font rien que l'aigrir.
A quelques faux respects croit-il que je défére ?
Non, non, il a poussé trop avant ma colere ;
Et son vain repentir qui porte ici vos pas,
Sollicite un pardon que vous n'obtiendrez pas.

D. ALVAR.

Madame, il fait pitié. Jamais cœur, que je pense,
Par un plus vif remords n'expia son offense ;
Et, si dans sa douleur vous le considériez,
Il toucheroit votre ame, & vous l'excuseriez.
On sçait bien que le Prince est dans un âge à suivre
Les premiers mouvemens où son ame se livre,
Et qu'en un sang bouillant, toutes les passions
Ne laissent gueres place à des réflexions.
Dom Lope, prévenu d'une fausse lumiere,
De l'erreur de son maître a fourni la matiere.
Un bruit assez confus, dont le zele indiscret
A de l'abord du Comte éventé le secret,
Vous avoit mise aussi de cette intelligence
Qui, dans ces lieux gardés, a donné sa présence.
Le Prince a cru l'avis, & son amour séduit
Sur une fausse allarme a fait tout ce grand bruit ;
Mais d'une telle erreur son ame est revenue,
Votre innocence enfin lui vient d'être connue,

Et Dom Lope qu'il chasse, est un visible effet
Du vif remords qu'il sent de l'éclat qu'il a fait.
D. ELVIRE.
Ah ! C'est trop promptement qu'il croit mon inno-
cence,
Il n'en a pas encore une entiere assurance;
Dites-lui, dites-lui qu'il doit bien tout peser,
Et ne se hâter point, de peur de s'abuser.
D. ALVAR.
Madame, il sçait trop bien....
D. ELVIRE.
Mais, Dom Alvar, de grace,
N'étendons pas plus loin un discours qui me lasse;
Il réveille un chagrin qui vient, à contre-tems,
En troubler dans mon cœur d'autres plus importans.
Oui, d'un trop grand malheur la surprise me presse,
Et le bruit du trépas de l'illustre Comtesse
Doit s'emparer si bien de tout mon déplaisir,
Qu'aucun autre souci n'a droit de me saisir.
D. ALVAR.
Madame, ce peut être une fausse nouvelle,
Mais mon retour, au Prince, en porte une cruelle.
D. ELVIRE.
De quelque grand ennui qu'il puisse être agité,
Il en aura toujours moins qu'il n'a mérité.

SCENE II.
D. ELVIRE, ELISE.
ELISE.
J'Attendois qu'il sortît, Madame, pour vous dire
Ce qu'il faut maintenant que votre ame respire,
Puisque votre chagrin, dans un moment d'ici,
Du sort de Done Ignés peut se voir éclairci.

COMEDIE. 83

Un inconnu, qui vient pour cette confidence,
Vous fait par un des siens demander audience.
D. ELVIRE.
Elise, il faut le voir, qu'il vienne promptement.
ELISE.
Mais il veut n'être vu que de vous seulement ;
Et par cet envoyé, Madame, il sollicite
Qu'il puisse sans témoins vous rendre sa visite.
D. ELVIRE.
Hé bien, nous serons seuls, & je vais l'ordonner
Tandis que tu prendras le soin de l'amener.
Que mon impatience en ce moment est forte !
O destins ! Est-ce joie, ou douleur qu'on m'apporte ?

SCENE III.
D. PEDRE, ELISE.
ELISE.
Ou....
D. PEDRE.
Si vous me cherchez, Madame, me voici.
ELISE.
En quel lieu votre maître ?
D. PEDRE.
Il est proche d'ici,
Le ferai-je venir ?
ELISE.
Dites-lui qu'il s'avance,
Assuré qu'on l'attend avec impatience,
Et qu'il ne se verra d'aucuns yeux éclairé.
(seule.)
Je ne sçai quel secret en doit être auguré.
Tant de précautions qu'il affecte de prendre.....
Mais le voici déjà.

SCENE IV.

D. IGNÉS *déguisée en homme*, ELISE.

ELISE.

SEigneur, pour vous attendre
On a fait..... Mais que vois-je ? Ah ! Madame, mes
   yeux....
D. IGNÉS.
Ne me découvrez point, Elife, dans ces lieux,
Et laiffez refpirer ma trifte deftinée,
Sous une feinte mort que je me fuis donnée.
C'eft elle qui m'arrache à tous mes fiers tyrans,
Car je puis fous ce nom comprendre mes parens ;
J'ai par elle évité cet hymen redoutable,
Pour qui j'aurois fouffert une mort véritable ;
Et, fous cet équipage, & le bruit de ma mort,
Il faut cacher à tous le fecret de mon fort
Pour me voir à l'abri de l'injufte pourfuite,
Qui pourroit dans ces lieux perfécuter ma fuite.
ELISE.
Ma furprife en public eût trahi vos defirs,
Mais allez là-dedans étouffer des foupirs ;
Et, des charmans tranfports d'une pleine allégreffe,
Saifir à votre afpect le cœur de la Princeffe ;
Vous la trouverez feule, elle-même a pris foin
Que votre abord fût libre & n'eût aucun témoin.

COMEDIE. 85

SCENE V.
D. ALVAR, ELISE.
ELISE.

Vois-je pas Dom Alvar ?
D. ALVAR.
Le Prince me renvoie
Vous prier que pour lui votre crédit s'emploie.
De ses jours, belle Elise, on doit n'espérer rien
S'il n'obtient par vos soins un moment d'entretien ;
Son ame a des transports... Mais le voici lui-même.

SCENE VI.
D. GARCIE, D. ALVAR, ELISE.
D. GARCIE.

Ah ! sois un peu sensible à ma disgrace extrême,
Elise, & prends pitié d'un cœur infortuné,
Qu'aux plus vives douleurs tu vois abandonné.
ELISE.
C'est avec d'autres yeux que ne fait la Princesse,
Seigneur, que je verrois le tourment qui vous presse
Mais nous avons du ciel, ou du temperament,
Que nous jugeons de tout chacun diversement :
Et puisqu'elle vous blâme, & que sa fantaisie
Lui fait un monstre affreux de votre jalousie,
Je serois complaisant, & voudrois m'efforcer
De cacher à ses yeux ce qui peut les blesser.
Un amant suit sans doute une utile méthode,
S'il fait qu'à notre humeur la sienne s'accommode,

Et cent devoirs font moins que ces ajuftemens,
Qui font croire en deux cœurs les mêmes fentimens.
L'art de ces deux rapports fortement les affemble,
Et nous n'aimons rien tant que ce qui nous ref-
    femble.

D. GARCIE.

Je le fçais ; mais hélas ! les deftins inhumains
S'oppofent à l'effet de ces juftes deffeins ;
Et malgré tous mes foins viennent toujours me-
    tendre
Un piege dont mon cœur ne fauroit fe défendre.
Ce n'eft pas que l'ingrate aux yeux de mon rival
N'ait fait contre mes feux un aveu trop fatal,
Et témoigné pour lui des excès de tendreffe,
Dont le cruel objet me reviendra fans ceffe :
Mais comme trop d'ardeur enfin m'avoit féduit
Quand j'ai cru qu'en ces lieux elle l'eût introduit,
D'un trop cuifant ennui je fentirois l'atteinte
A lui laiffer fur moi quelque fujet de plainte.
Oui, je veux faire au moins, fi je m'en vois quitté,
Que ce foit de fon cœur pure infidélité ;
Et, venant m'excufer d'un trait de promptitude,
Dérober tout prétexte à fon ingratitude.

ELISE.

Laiffez un peu de tems à fon reffentiment,
Et ne la voyez point, Seigneur, fi promptement.

D. GARCIE.

Ah ! Si tu me chéris, obtiens que je la voie ;
C'eft une liberté qu'il faut qu'elle m'octroie ;
Je ne pars point d'ici, qu'au moins fon fier dédain...

ELISE.

De grace, différez l'effet de ce deffein.

D. GARCIE.

Non, ne m'oppofe point une excufe frivole.

ELISE *à part*.

Il faut que ce foit elle, avec une parole,
Qui trouve les moyens de le faire en aller.
    (*à Dom Garcie.*)

COMEDIE. 87

Demeurez donc, Seigneur, je m'en vais lui parler.
D. GARCIE.
Di-lui que j'ai d'abord banni de ma préfence
Celui dont les avis ont caufé mon offenfe,
Que Dom Lope jamais....

SCENE VII.

D. GARCIE, D. ALVAR.

D. GARCIE *regardant par la porte qu'Elife a laiffée entr'ouverte.*

Que vois-je ! O juftes cieux !
Faut-il que je m'affure au rapport de mes yeux ?
Ah ! fans doute ils me font des témoins trop fidelles.
Voilà le comble affreux de mes peines mortelles ;
Voici le coup fatal qui devoit m'accabler.
Et quand par des foupçons je me fentois troubler,
C'étoit, c'étoit le ciel, dont la fourde menace
Préfageoit à mon cœur cette horrible difgrace.
D. ALVAR.
Qu'avez-vous vu, Seigneur, qui vous puiffe émouvoir ?
D. GARCIE.
J'ai vu ce que mon ame a peine à concevoir,
Et le renverfement de toute la nature
Ne m'étonneroit pas comme cette aventure ;
C'en eft fait.... Le deftin... Je ne fçaurois parler.
D. ALVAR.
Seigneur, que votre efprit tâche à fe rappeller.
D. GARCIE.
J'ai vu... Vengeance, ô ciel !
D. ALVAR.
    Quelle atteinte foudaine....
D. GARCIE.
J'en mourrai, Dom Alvar, la chofe eft bien certaine.

DOM GARCIE DE NAVARRE,

D. ALVAR.
Mais, Seigneur, qui pourroit...
D. GARCIE.
Ah ! tout eſt ruiné ;
Je ſuis, je ſuis trahi, je ſuis aſſaſſiné ;
Un homme, ſans mourir te le puis-je bien dire ?
Un homme dans les bras de l'infidelle Elvire !
D. ALVAR.
Ah ! Seigneur, la Princeſſe eſt vertueuſe au point...
D. GARCIE.
Ah ! Sur ce que j'ai vu ne me conteſte point,
Dom Alvar, c'en eſt trop me ſoutenir ſa gloire
Lorſque mes yeux font foi d'une action ſi noire.
D. ALVAR.
Seigneur, nos paſſions nous font prendre ſouvent
Pour choſe véritable un objet décevant ;
Et de croire qu'une ame à la vertu nourrie
Se puiſſe..
D. GARCIE.
Dom Alvar, laiſſez-moi, je vous prie :
Un conſeiller me choque en cette occaſion,
Et je ne prends avis que de ma paſſion.
D. ALVAR *à part.*
Il ne faut rien répondre à cet eſprit farouche.
D. GARCIE.
Ah ! que ſenſiblement cette atteinte me touche !
Mais il faut voir qui c'eſt, & de ma main punir....
La voici. Ma fureur, te peux-tu retenir ?

SCENE VIII.

D. ELVIRE, D. GARCIE, D. ALVAR.

D. ELVIRE.

HÉ bien, que voulez-vous ? Et quel eſpoir de grace,
Après vos procédés, peut flatter votre audace ?

COMEDIE.

Osez-vous à mes yeux encor vous presenter ?
Et que me direz-vous que je doive écouter ?
D. GARCIE.
Que toutes les horreurs dont une ame est capable,
A vos déloyautés n'ont rien de comparable,
Que le sort, les démons, & le ciel en courroux,
N'ont jamais rien produit de si méchant que vous.
D. ELVIRE.
Ah ! vraiment j'attendois l'excuse d'un outrage ;
Mais, à ce que je vois, c'est un autre langage.
D. GARCIE.
Oui, oui c'en est un autre, & vous n'attendiez pas
Que j'eusse découvert le traître dans vos bras,
Qu'un funeste hasard, par la porte entr'ouverte,
Eût offert à mes yeux votre honte & ma perte.
Est-ce l'heureux amant sur ses pas revenu,
Ou quelqu'autre rival qui m'étoit inconnu ?
O ciel ! donne à mon cœur des forces suffisantes
Pour pouvoir supporter des douleurs si cuisantes.
Rougissez maintenant, vous en avez raison,
Et le masque est levé de votre trahison.
Voilà ce que marquoient les troubles de mon ame,
Ce n'étoit pas en vain que s'allarmoit ma flâme ;
Par ces fréquens soupçons, qu'on trouvoit odieux,
Je cherchois le malheur qu'ont rencontré mes yeux ;
Et, malgré tous vos soins, & votre adresse à feindre,
Mon astre me disoit ce que j'avois à craindre ;
Mais ne présumez pas que, sans être vengé,
Je souffre le dépit de me voir outragé.
Je sçai que sur les vœux on n'a point de puissance,
Que l'amour veut par-tout naitre sans dépendance,
Que jamais par la force on n'entra dans un cœur,
Et que toute ame est libre à nommer son vainqueur :
Aussi ne trouverois-je aucun sujet de plainte,
Si pour moi votre bouche avoit parlé sans feinte ;
Et, son arrêt livrant mon espoir à la mort,
Mon cœur n'auroit eu droit de s'en prendre qu'au sort.

Mais d'un aveu trompeur voir ma flamme applaudie,
C'est une trahison, c'est une perfidie
Qui ne sçauroit trouver de trop grands châtimens;
Et je puis tout permettre à mes ressentimens.
Non, non, n'espérez rien après un tel outrage,
Je ne suis plus à moi, je suis tout à la rage,
Trahi de tous côtés, mis dans un triste état,
Il faut que mon amour se venge avec éclat,
Qu'ici j'immole tout à ma fureur extrême,
Et que mon désespoir acheve par moi-même.

D. ELVIRE.

Assez paisiblement vous a-t-on écouté,
Et pourrai-je à mon tour parler en liberté?

D. GARCIE.

Et par quels beaux discours que l'artifice inspire...

D. ELVIRE.

Si vous avez encore quelque chose à me dire,
Vous pouvez l'ajouter, je suis prête à l'ouir;
Sinon, faites au moins que je puisse jouir
De deux ou trois momens de paisible audience.

D. GARCIE.

Hé bien, j'écoute. O ciel! quelle est ma patience:

D. ELVIRE.

Je force ma colere, & veux, sans nulle aigreur,
Répondre à ce discours si rempli de fureur.

D. GARCIE.

C'est que vous voyez bien....

D. ELVIRE.

Ah! j'ai prêté l'oreille
Autant qu'il vous a plu, rendez-moi la pareille.
J'admire mon destin, & jamais sous les cieux
Il ne fut rien, je crois, de si prodigieux,
Rien, dont la nouveauté soit plus inconcevable,
Et rien que la raison rende moins supportable.
Je me vois un amant, qui sans se rebuter,
Applique tous ses soins à me persécuter;
Qui, dans tout son amour que sa bouche m'exprime,

COMEDIE.

Ne conserve pour moi nul sentiment d'estime.
Rien, au fond de ce cœur qu'ont pu blesser mes yeux,
Qui fasse droit au sang que j'ai reçu des cieux,
Et de mes actions défendre l'innocence
Contre le moindre effort d'une fausse apparence.
Oui, je vois....
  (*Dom Garcie montre de l'impatience pour parler.*)
          Ah ! Sur-tout ne m'interrompez point.
Je vois, dis-je, mon sort malheureux à ce point.
Qu'un cœur, qui dit qu'il m'aime, & qui doit faire croire
Que, quand tout l'Univers douteroit de ma gloire,
Il voudroit contre tous en être le garant,
Est celui qui s'en fait l'ennemi le plus grand.
On ne voit échapper aux soins que prend sa flamme
Aucune occasion de soupçonner mon ame;
Mais c'est peu de soupçons, il en fait des éclats
Que, sans être blessé, l'amour ne souffre pas.
Loin d'agir en amant, qui, plus que la mort même,
Appréhende toujours d'offenser ce qu'il aime,
Qui se plaint doucement, & cherche avec respect
A pouvoir s'éclaircir de ce qu'il croit suspect ;
A toute extrêmité dans ses doutes il passe,
Et ce n'est que fureur, qu'injure & que menace;
Cependant aujourd'hui je veux fermer les yeux
Sur tout ce qui devoit me le rendre odieux,
Et lui donner moyen, par une bonté pure,
De tirer son salut d'une nouvelle injure.
Ce grand emportement qu'il m'a fallu souffrir,
Part de ce qu'à vos yeux le hasard vient d'offrir,
J'aurois tort de vouloir démentir votre vue,
Et votre ame, sans doute, a dû paroître émue.

          D. GARCIE.
Et n'est-ce pas....
          D. ELVIRE.
          Encore un peu d'attention,
Et vous allez sçavoir ma résolution.

Il faut que de nous deux le destin s'accomplisse ;
Vous êtes maintenant sur un grand précipice,
Et ce que votre cœur pourra délibérer
Va vous y faire cheoir, ou bien vous en tirer.
Si, malgré cet objet qui vous a pu surprendre,
Prince, vous me rendez ce que vous devez rendre,
Et ne demandez point d'autre preuve que moi
Pour condamner l'erreur du trouble où je vous voi :
Si de vos sentimens la prompte déférence
Veut sur ma seule foi croire mon innocence,
Et de tous vos soupçons démentir le crédit
Pour croire aveuglément ce que mon cœur vous dit,
Cette soumission, cette marque d'estime
Du passé dans ce cœur efface tout le crime,
Je rétracte, à l'instant, ce qu'un juste courroux
M'a fait dans la chaleur prononcer contre vous ;
Et, si je puis un jour choisir ma destinée,
Sans choquer les devoirs du rang où je suis née,
Mon honneur satisfait par ce respect soudain,
Promet à votre amour, & mes vœux, & ma main :
Mais prêtez bien l'oreille à ce que je vais dire.
Si cette offre sur vous obtient si peu d'empire,
Que vous me refusiez de me faire entre nous
Un sacrifice entier de vos soupçons jaloux ;
S'il ne vous suffit pas de toute l'assurance
Que vous peuvent donner mon cœur & ma naissance,
Et que de votre esprit les ombrages puissans
Forcent mon innocence à convaincre vos sens,
Et porter à vos yeux l'éclatant témoignage
D'une vertu sincere à qui l'on fait outrage,
Je suis prête à le faire, & vous serez content :
Mais il vous faut de moi détacher à l'instant,
A mes vœux, pour jamais, renoncer de vous-même;
Et j'atteste du ciel la puissance suprême
Que, quoique le destin puisse ordonner de nous,
Je choisirai plutôt d'être à la mort qu'à vous.
Voilà dans ces deux choix de quoi vous satisfaire ;
Avisez maintenant celui qui peut vous plaire.

COMEDIE.
D. GARCIE.

Juste ciel! Jamais rien peut-il être inventé
Avec plus d'artifice & de déloyauté?
Tout ce que des enfers la malice étudie
A-t-il rien de si noir que cette perfidie?
Et peut-elle trouver dans toute sa rigueur
Un plus cruel moyen d'embarrasser un cœur?
Ah! que vous sçavez bien ici contre moi-même,
Ingrate, vous servir de ma foiblesse extrême,
Et ménager pour vous l'effort prodigieux
De ce fatal amour né de vos traîtres yeux!
Parce qu'on est surprise & qu'on manque d'excuse,
D'une offre de pardon on emprunte la ruse:
Votre feinte douceur forge un amusement
Pour divertir l'effet de mon ressentiment;
Et, par le nœud subtil du choix qu'elle embarrasse,
Veut soustraire un perfide au coup qui le menace.
Oui, vos dextérités veulent me détourner
D'un éclaircissement qui vous doit condamner;
Et votre ame, feignant une innocence entiere,
Ne s'offre à m'en donner une pleine lumiere
Qu'à des conditions, qu'après d'ardens souhaits
Vous pensez que mon cœur n'acceptera jamais:
Mais vous serez trompée en me croyant surprendre
Oui, oui, je prétends voir ce qui doit vous défendre,
Et quel fameux prodige, accusant ma fureur,
Peut de ce que j'ai vu justifier l'horreur.

D. ELVIRE.
Songez que par ce choix vous allez vous prescrire
De ne plus rien prétendre au cœur de Done Elvire.

D. GARCIE.
Soit. Je souscris à tout, & mes vœux aussi-bien,
En l'état où je suis, ne prétendent plus rien.

D. ELVIRE.
Vous vous repentirez de l'éclat que vous faites.

D. GARCIE.
Non, non, tous ces discours son de vaines défaites;
Et c'est moi bien plutôt qui dois vous avertir

Que quelqu'autre dans peu se pourra repentir;
Le traître, tel qu'il soit, n'aura pas l'avantage
De dérober sa vie à l'effort de ma rage.
D. ELVIRE.
Ah! c'est trop en souffrir, & mon cœur irrité
Ne doit plus conserver une sotte bonté;
Abandonnons l'ingrat à son propre caprice,
Et, puisqu'il veut périr, consentons qu'il périsse.
(à Dom Garcie.)
Elise. A cet éclat vous voulez me forcer,
Mais je vous apprendrai que c'est trop m'offenser.

SCENE IX.

D. ELVIRE, D. GARCIE, ELISE, D. ALVARE.

D. ELVIRE à Elise.

Faites un peu sortir la personne chérie...
Allez, vous m'entendez, dites que je l'en prie.
D. GARCIE.
Et je puis....
D ELVIRE.
Attendez, vous serez satisfait.
ELISE à part en sortant.
Voici de son jaloux, sans doute un nouveau trait.
D. ELVIRE.
Prenez garde qu'au moins cette noble colere,
Dans la même fierté jusqu'au bout persévére;
Et sur-tout désormais songez bien à quel prix
Vous avez voulu voir vos soupçons éclaircis.

COMEDIE.

SCENE X.

D. ELVIRE, D. GARCIE, D. IGNÉS *déguisée en homme*, ELISE, D. ALVAR.

D. ELVIRE *à D. Garcie, en lui montrant D. Ignés.*

Voici, graces au ciel, ce qui les a fait naître
Ces soupçons obligeans que l'on me fait paroître ;
Voyez bien ce visage, & si de Done Ignés
Vos yeux au même instant n'y connoissent les traits ?

D. GARCIE.

O ciel !

D. ELVIRE.

Si la fureur, dont votre ame est émue,
Vous trouble jusques-là l'usage de la vue,
Vous avez d'autres yeux à pouvoir consulter,
Qui ne vous laisseront aucun lieu de douter.
Sa mort est une adresse au besoin inventée,
Pour fuir l'autorité qui l'a persécutée :
Et, sous un tel habit, elle cachoit son sort
Pour mieux jouir du fruit de cette feinte mort.

(*à Done Ignés.*)

Madame, pardonnez, s'il faut que je consente
A trahir vos secrets & tromper votre attente ;
Je me vois exposée à sa témérité,
Toutes mes actions n'ont plus de liberté,
Et mon honneur en butte aux soupçons qu'il peut prendre,
Est réduit à toute heure aux soins de se défendre.
Nos doux embrassemens, qu'a surpris ce jaloux,
De cent indignités m'ont fait souffrir les coups.
Oui, voilà le sujet d'une fureur si prompte,
Et l'assuré témoin qu'on produit de ma honte.

(*à Dom Garcie.*)

Jouissez à cette heure en tyran absolu
De l'éclaircissement que vous avez voulu ;
Mais sçachez que j'aurai sans cesse la mémoire
De l'outrage sanglant qu'on a fait à ma gloire :
Et, si je puis jamais oublier mes sermens,
Tombent sur moi du ciel les plus grands châtimens ;
Qu'un tonnerre éclattant mette ma tête en poudre
Lorsqu'à souffrir vos feux je pourrai me résoudre.
Allons, Madame, allons, ôtons-nous de ces lieux
Qu'infectent les regards d'un monstre furieux,
Fuyons-en promptement l'atteinte envenimée,
Evitons les effets de sa rage animée,
Et ne faisons des vœux, dans nos justes desseins,
Que pour nous voir bientôt affranchir de ses mains.

D. IGNES à D. Garcie.

Seigneur, de vos soupçons l'injuste violence,
A la même vertu vient de faire une offense.

SCENE XI.

D. GARCIE, D. ALVARE.

D. GARCIE.

Quelles tristes clartés, dissipant mon erreur,
Enveloppent mes sens d'une profonde horreur,
Et ne laissent plus voir à mon ame abatue
Que l'effroyable objet d'un remords qui me tue !
Ah ! Dom Alvar, je vois que vous avez raison ;
Mais l'enfer de mon cœur a soufflé son poison ;
Et, par un trait fatal d'une rigueur extrême,
Mon plus grand ennemi se rencontre en moi-même.
Que me sert-il d'aimer du plus ardent amour
Qu'une ame consumée ait jamais mis au jour,
Si, par ces mouvemens qui font toute ma peine,
Cet amour à tout coup se rend digne de haine ?
Il faut, il faut venger par mon juste trépas

L'outrage

COMEDIE.

L'outrage que j'ai fait à ses divins appas ;
Aussi-bien quels conseils aujourd'hui puis-je suivre ?
Ah ! j'ai perdu l'objet pour qui j'aimois à vivre.
Si j'ai pu renoncer à l'espoir de ses vœux,
Renoncer à la vie est beaucoup moins fâcheux.

D. ALVAR.
Seigneur....

D. GARCIE.
Non, Dom Alvar, ma mort est nécessaire,
Il n'est soins ni raisons qui m'en puissent distraire,
Mais il faut que mon sort en se précipitant
Rende à cette Princesse un service éclatant,
Et je veux me chercher dans cette illustre envie
Les moyens glorieux de sortir de la vie ;
Faire par un grand coup qui signale ma foi,
Qu'en expirant pour elle, elle ait regret à moi,
Et qu'elle puisse dire en se voyant vengée,
C'est par son trop d'amour qu'il m'avoit outragée.
Il faut que de ma main un illustre attentat
Porte une mort trop due au sein de Maurégat,
Que j'aille prévenir par une belle audace
Le coup, dont la Castille avec bruit le menace ;
Et j'aurai la douceur, dans mon instant fatal,
De ravir cette gloire à l'espoir d'un rival.

D. ALVAR.
Un service, Seigneur, de cette conséquence
Auroit bien le pouvoir d'effacer votre offense ;
Mais hazarder...

D. GARCIE.
Allons, par un juste devoir,
Faire à ce noble effort servir mon désespoir.

Fin du quatrieme Acte.

Tome II.   E

ACTE V.

SCENE PREMIERE.
D. ALVAR, ELISE.

D. ALVAR.

Oui, jamais il ne fut de si rude surprise.
Il venoit de former cette haute entreprise ;
A l'avide desir d'immoler Maurégat,
De son prompt désespoir il tournoit tout l'éclat,
Ses soins précipités vouloient à son courage
De cette triste mort assurer l'avantage,
Y chercher son pardon, & prévenir l'ennui
Qu'un rival partageât cette gloire avec lui.
Il sortoit de ces murs, quand un bruit trop fidèle
Est venu lui porter la fâcheuse nouvelle
Que ce méme rival, qu'il vouloit prévenir,
A remporté l'honneur qu'il pensoit obtenir,
L'a prévenu lui-même en immolant le traître,
Et poussé dans ce jour Dom Alphonse à paroître,
Qui d'un si prompt succès va goûter la douceur,
Et vient prendre en ces lieux la Princesse sa sœur :
Et, ce qui n'a pas peine à gagner la croyance,
On entend publier que c'est la récompense,
Dont il prétend payer le service éclatant
Du bras qui lui fait jour au trône qui l'attend.

ELISE.

Oui, Done Elvire a sçu ces nouvelles semées,
Et du vieux Dom Louis les trouve confirmées,
Qui vient de lui mander que Léon dans ce jour
De Dom Alphonse & d'elle, attend l'heureux retour ;
Et que c'est-là qu'on doit, par un revers prospére,

COMEDIE.

Lui voir prendre un époux de la main de ce frere.
Dans ce peu qu'il en dit, il donne assez à voir.
Que Dom Sylve est l'époux qu'elle doit recevoir.

D. ALVAR.
Ce coup au cœur du Prince....

ELISE.
Est sans doute bien rude,
Et je le trouve à plaindre en son inquiétude.
Son intérêt pourtant, si j'en ai bien jugé,
Est encor cher au cœur qu'il a tant outragé ;
Et je n'ai point connu, qu'à ce succès qu'on vante
La Princesse ait fait voir une ame fort contente
De ce frere qui vient, & de la lettre aussi :
Mais....

SCENE II.
D. ELVIRE, D. IGNÉS *déguisée en homme,* ELISE, D. ALVAR.

D. ELVIRE.

Faites, Dom Alvar, venir le Prince ici,
(*Dom Alvar sort.*)
Souffrez que devant vous je lui parle, Madame,
Sur cet événement dont on surprend mon ame ;
Et ne m'accusez point d'un trop prompt changement,
Si je perds contre lui tout mon ressentiment.
Sa disgrace imprévue a pris droit de l'éteindre ;
Sans lui laisser ma haine, il est assez à plaindre,
Et le ciel qui l'expose à ce trait de rigueur,
N'a que trop bien servi les sermens de mon cœur.
Un éclatant arrêt de ma gloire outragée,
A jamais n'être à lui me tenoit engagée ;
Mais quand par les destins il est exécuté,
J'y vois pour son amour trop de sévérité ;

E 2

Et le triste succès de tout ce qu'il m'adresse
M'efface son offense, & lui rend ma tendresse :
Oui, mon cœur trop vengé par de si rudes coups
Laisse a leur cruauté désarmer son courroux,
Et cherche maintenant, par un soin pitoyable,
A consoler le sort d'un amant misérable ;
Et je crois que sa flamme a bien pu mériter
Cette compassion que je lui veux prêter.

D. IGNES.
Madame, on auroit tort de trouver à redire
Aux tendres sentimens qu'on voit qu'il vous inspire,
Ce qu'il a fait pour vous... Il vient, & sa pâleur
De ce coup surprenant marque assez la douleur.

SCENE III.
D. GARCIE, D. ELVIRE, D. IGNÉS déguisée en homme, ELISE.

D. GARCIE.

MAdame, avec quel front faut-il que je m'avance,
Quand je viens vous offrir l'odieuse presence...

D. ELVIRE.
Prince, ne parlons plus de mon ressentiment.
Votre sort dans mon ame a fait du changement,
Et par le triste état où sa rigueur vous jette,
Ma colere est éteinte, & notre paix est faite.
Oui, bien que votre amour ait mérité les coups
Que fait sur lui du ciel éclater le courroux,
Bien que ces noirs soupçons aient offensé ma gloire
Par des indignités qu'on auroit peine à croire,
J'avouerai toutefois que je plains son malheur
Jusqu'à voir nos succès avec quelque douleur ;
Que je hais les faveurs de ce fameux service,
Lorsqu'on veut de mon cœur lui faire un sacrifice ;

Et voudrois bien pouvoir racheter les momens,
Où le sort contre vous n'armoit que mes sermens :
Mais enfin vous sçavez comme nos destinées,
Aux intérêts publics sont toujours enchaînées,
Et que l'ordre des cieux pour disposer de moi,
Dans mon frere qui vient, me va montrer mon Roi.
Cédez comme moi, Prince, à cette violence,
Où la grandeur soumet celles de ma naissance ?
Et, si de votre amour les déplaisirs sont grands,
Qu'il se fasse un secours de la part que j'y prends,
Et ne se serve point contre un coup qui l'étonne,
Du pouvoir qu'en ces lieux votre valeur vous donne :
Ce vous seroit, sans doute, un indigne transport
De vouloir dans vos maux lutter contre le sort,
Et lorsque c'est en vain qu'on s'oppose à sa rage,
La soumission prompte est grandeur de courage.
Ne résistez donc point à ses coups éclatans,
Ouvrez les murs d'Astorgue au frere que j'attends,
Laissez-moi rendre aux droits qu'il peut sur moi prétendre,
Ce que mon triste cœur a résolu de rendre ;
Et ce fatal hommage, où mes vœux sont forcés,
Peut-être n'ira pas si loin que vous pensez.

D. GARCIE.

C'est faire voir, Madame, une bonté trop rare
Que vouloir adoucir le coup qu'on me prépare ;
Sur moi sans de tels soins vous pouvez laisser cheoir
Le foudre rigoureux de tout votre devoir.
En l'état où je suis, je n'ai rien à vous dire.
J'ai mérité du sort tout ce qu'il a de pire,
Et je sçais, quelques maux qu'il me faille endurer,
Que je me suis ôté le droit d'en murmurer.
Par où pourrois-je, hélas ! dans ma vaste disgrace,
Vers vous de quelque plainte autoriser l'audace ?
Mon amour s'est rendu mille fois odieux,
Il n'a fait qu'outrager vos attraits glorieux,
Et, lorsque par un juste & fameux sacrifice
Mon bras à votre sang cherche à rendre un service,

Mon astre m'abandonne au déplaisir fatal
De me voir prévenu par le bras d'un rival.
Madame, après cela je n'ai rien à prétendre,
Je suis digne d'un coup que l'on me fait attendre,
Et je le vois venir, sans oser contre lui
Tenter de votre cœur le favorable appui.
Ce qui peut me rester dans mon malheur extrême,
C'est de chercher alors mon remede en moi-même,
Et faire que ma mort, propice à mes desirs,
Affranchisse mon cœur de tous ses déplaisirs.
Oui, bientôt dans ces lieux Dom Alphonse doit être,
Et déjà mon rival commence de paroître :
De Léon vers ces murs il semble avoir volé
Pour recevoir le prix du tyran immolé.
Ne craignez point du tout qu'aucune résistance
Fasse valoir ici ce que j'ai de puissance,
Il n'est effort humain, que, pour vous conserver,
Si vous y consentiez, je ne pusse braver ;
Mais ce n'est pas à moi dont on hait la mémoire,
A pouvoir espérer cet aveu plein de gloire,
Et je ne voudrois pas par des efforts trop vains
Jetter le moindre obstacle à vos justes desseins.
Non, je ne contrains point vos sentimens, Madame,
Je vais en liberté laisser toute votre ame,
Ouvrir les murs d'Astorgue à cet heureux vainqueur,
Et subir de mon sort la derniere rigueur.

COMÉDIE.

SCENE II.
D. ELVIRE, D. IGNÉS *déguisée en homme*, ELISE.

D. ELVIRE.

Madame, au désespoir où son destin l'expose,
De tous mes déplaisirs n'imputez pas la cause.
Vous me rendez justice, en croyant que mon cœur
Fait de vos intérêts sa plus vive douleur :
Que bien plus que l'amour l'amitié m'est sensible,
Et que si je me plains d'une disgrace horrible,
C'est de voir que du ciel le funeste courroux
Ait pris chez moi les traits qu'il lance contre vous,
Et rendu mes regards coupables d'une flamme
Qui traite indignement les bontés de votre ame.

D. IGNÉS.

C'est un événement dont sans doute vos yeux.
N'ont point pour moi, Madame, à quereller les cieux,
Si les foibles attraits qu'étale mon visage
M'exposoient au destin de souffrir un volage,
Le ciel ne pouvoit mieux m'adoucir de tels coups
Quand, pour m'ôter ce cœur, il s'est servi de vous ;
Et mon front ne doit point rougir d'une inconstance
Qui de vos traits aux miens marque la différence.
Si pour ce changement je pousse des soupirs,
Ils viennent de le voir fatal à vos desirs,
Et dans cette douleur que l'amitié m'excite,
Je m'accuse pour vous de mon peu de mérite
Qui n'a pu retenir un cœur, dont les tributs
Causent un si grand trouble à vos yeux combattus.

D. ELVIRE.

Accusez-vous plutôt de l'injuste silence.
Qui m'a de vos deux cœurs caché l'intelligence.

Ce secret plutôt sçu, peut-être à toutes deux
Nous auroit épargné des troubles si fâcheux;
Et mes justes froideurs; des desirs d'un volage
Au point de leur naissance ayant banni l'hommage
Eussent pu renvoyer.

D. IGNÉS.

Madame, le voici.

D. ELVIRE.

Sans rencontrer ses yeux vous pouvez être ici,
Ne sortez point, Madame, & dans un tel martyre,
Vueillez être témoin de ce que je vais dire.

D. IGNÉS.

Madame, j'y consens, quoique je sçache bien
Qu'on fuiroit en ma place un pareil entretien.

D. ELVIRE.

Son succès, si le ciel seconde ma pensée;
Madame, n'aura rien dont vous soyez blessée.

SCENE V.

D. ALPHONSE *cru D. Sylve,* **D. ELVIRE,**
D. IGNÉS *déguisée en homme,* **ELISE.**

D. ELVIRE.

Avant que vous parliez, je demande instamment
Que vous daigniez, Seigneur, m'écouter un moment.
Déjà la renommée a jusqu'à nos oreilles
Porté de votre bras les soudaines merveilles;
Et j'admire avec tous comme en si peu de tems
Il donne à nos destins ces succès éclatans.
Je sçais bien qu'un bienfait de cette conséquence.
Ne sçauroit demander trop de reconnoissance,
Et qu'on doit toute chose à l'exploit immortel
Qui replace mon frere au trône paternel.

Mais, quoique de son cœur vous offrent les hommages,
Usez en généreux de tous vos avantages,
Et ne permettez pas que ce coup glorieux
Jette sur moi, Seigneur, un joug impérieux,
Que votre amour qui sçait quel intérêt m'anime,
S'obstine à triompher d'un refus légitime,
Et veuille que ce frere, où l'on va m'exposer,
Commence d'être Roi pour me tyranniser.
Léon a d'autres prix dont, en cette occurrence,
Il peut mieux honorer votre haute vaillance;
Et c'est à vos vertus faire un présent trop bas,
Que vous donner un cœur qui ne se donne pas.
Peut-on être jamais satisfait en soi-même,
Lorsque par la contrainte on obtient ce qu'on aime?
C'est un triste avantage, & l'amant généreux
A ces conditions refuse d'être heureux,
Il ne veut rien devoir à cette violence
Qu'exercent sur les cœurs les droits de la naissance,
Et pour l'objet qu'il aime est toujours trop zélé,
Pour souffrir qu'en victime il lui soit immolé.
Ce n'est pas que ce cœur, au mérite d'un autre,
Prétende réserver ce qu'il refuse au vôtre,
Non, Seigneur, j'en réponds, & vous donne ma foi,
Que personne jamais n'aura pouvoir sur moi ;
Qu'une sainte retraite à toute autre poursuite....

D. ALPHONSE.

J'ai de votre discours assez souffert la suite,
Madame, & par deux mots je vous l'eusse épargné,
Si votre fausse allarme eût sur vous moins gagné.
Je sçais qu'un bruit commun, qui par-tout se fait croire,
De la mort du tyran me veut donner la gloire ;
Mais le seul peuple enfin, comme on nous fait sçavoir,
Laissant par Dom Louis échauffer son devoir,
A remporté l'honneur de cet acte héroïque,
Dont mon nom est chargé par la rumeur publique,
Et ce qui d'un tel bruit a fourni le sujet,

E 5

C'est que, pour appuyer son illustre projet,
Dom Louis fit semer, par une feinte utile,
Que, secondé des miens, j'avois saisi la ville,
Et par cette nouvelle il a poussé les bras
Qui d'un usurpateur ont hâté le trépas.
Par son zele prudent il a su tout conduire,
Et c'est par un des siens qu'il vient de m'en instruire;
Mais dans le même instant un secret m'est appris,
Qui va vous étonner autant qu'il m'a surpris.
Vous attendez un frere & Léon, son vrai maître;
A vos yeux maintenant le ciel le fait paroître :
Oui, je suis Dom Alphonse; & mon sort conservé,
Et sous le nom du sang de Castille élevé,
Est un fameux effet de l'amitié sincere
Qui fut entre son Prince & le Roi notre pere.
Dom Louis du secret a toutes les clartés,
Et doit aux yeux de tous prouver ces vérités.
D'autres soins maintenant occupent ma pensée,
Non qu'à votre sujet elle soit traversée,
Que ma flamme querelle un tel événement,
Et qu'en mon cœur le frere importune l'amant.
Mes feux par ce secret ont reçu sans murmure
Le changement qu'en eux a prescrit la nature;
Et le sang qui nous joint m'a si bien détaché
De l'amour dont pour vous mon cœur étoit touché,
Qu'il ne respire plus pour faveur souveraine,
Que les cheres douceurs de sa premiere chaine,
Et le moyen de rendre à l'adorable Ignés,
Ce que de ses bontés a mérité l'excès :
Mais son sort incertain rend le mien misérable;
Et, si ce qu'on en dit se trouvoit véritable,
En vain Léon m'appelle, & le Trône m'attend;
La couronne n'a rien à me rendre content,
Et je n'en veux l'éclat que pour goûter la joie
D'en couronner l'objet où le ciel me renvoie,
Et pouvoir réparer par ces justes tributs
L'outrage que j'ai fait à ses rares vertus.
Madame, c'est de vous que j'ai raison d'attendre

COMEDIE.

Ce que de mon destin mon ame peut apprendre;
Instruisez-m'en, de grace, & par votre discours,
Hâtez mon désespoir, ou le bien de mes jours.
D. ELVIRE.
Ne vous étonnez pas si je tarde à répondre,
Seigneur, ces nouveautés ont droit de me confondre.
Je n'entreprendrai point de dire à votre amour
Si Done Ignés est morte ou respire le jour,
Mais par ce cavalier, l'un de ses plus fideles,
Vous en pourrez, sans doute, apprendre des nouvelles.
D. ALPHONSE *reconnoissant D. Ignés.*
Ah! Madame, il m'est doux en ces perplexités
De voir ici briller vos célestes beautés.
Mais, vous, avec quels yeux verrez-vous un volage
Dont le crime.....
D. IGNÉS.
Ah, gardez de me faire un outrage,
Et de vous hazarder à dire que vers moi
Un cœur dont je fais cas, ait pu manquer de foi!
J'en refuse l'idée, & l'excuse me blesse;
Rien n'a pu m'offenser auprès de la Princesse;
Et tout ce que d'ardeur elle vous a causé,
Par un si haut mérite est assez excusé.
Cette flamme vers moi ne vous rend point coupable;
Et, dans le noble orgueil dont je me sens capable,
Sçachez, si vous l'étiez, que ce seroit en vain
Que vous présumeriez de fléchir mon dédain,
Et qu'il n'est repentir, ni suprême puissance.
Qui gagnât sur mon cœur d'oublier cette offense.
D. ELVIRE.
Mon frere, d'un tel nom souffrez-moi la douceur,
De quel ravissement comblez-vous une sœur!
Que j'aime votre choix, & benis l'aventure
Qui vous fait couronner une amitié si pure!
Et de deux nobles cœurs que j'aime tendrement....

SCENE DERNIERE.

D. GARCIE, D. ELVIRE, D. IGNÉS déguisée en homme, D. ALPHONSE cru D. Sylve, ELISE.

D. GARCIE.

De grace, cachez-moi votre contentement,
Madame, & me laissez mourir dans la croyance
Que le devoir vous fait un peu de violence.
Je sçai que de vos vœux vous pouvez disposer,
Et mon dessein n'est pas de leur rien opposer,
Vous le voyez assez, & quelle obéïssance
De vos commandemens m'arrache la puissance ;
Mais je vous avouerai que cet e gaieté
Surprend au dépourvu toute ma fermeté,
Et qu'un pareil objet dans mon ame fait naître
Un transport dont j'ai peur que je ne sois pas maître:
Et je me punirois, s'il m'avoit pu tirer
De ce respect soumis où je veux demeurer.
Oui, vos commandemens ont prescrit à mon ame
De souffrir sans éclat le malheur de ma flâme,
Cet ordre sur mon cœur doit être tout-puissant,
Et je prétends mourir en vous obéïssant ;
Mais encore une fois, la joie où je vous treuve
M'expose à la rigueur d'une trop rude épreuve,
Et l'ame la plus sage en ces occasions
Répond malaisément de ses émotions.
Madame, épargnez-moi cette cruelle atteinte,
Donnez-moi par pitié deux momens de contrainte ;
Et, quoique d'un rival vous inspirent les soins,
N'en rendez pas mes yeux les malheureux témoins :
C'est la moindre faveur qu'on peut, je crois, prétendre,
Lorsque dans ma disgrace un amant peut descendre,

COMEDIE.

Je ne l'exige pas, Madame, pour long-tems,
Et bientôt mon départ rendra vos vœux contens :
Je vais, où de mes feux mon ame consumée,
N'apprendra votre hymen que par la renommée ;
Ce n'est pas un spectacle où je doive courir,
Madame, sans le voir, j'en sçaurai bien mourir.

D. IGNES.

Seigneur, permettez-moi de blâmer votre plainte.
De vos maux la Princesse a sçu paroître atteinte ;
Et cette joie encor, de quoi vous murmurez,
Ne lui vient que des biens qui vous sont préparés.
Elle goute un succès à vos desirs prospere,
Et dans votre rival elle trouve son frere ;
C'est Dom Alphonse enfin dont on a tant parlé,
Et ce fameux secret vient d'être dévoilé.

D. ALPHONSE.

Mon cœur, graces au ciel, après un long martyre,
Seigneur, sens vous rien prendre, a tout ce qu'il desire ;
Et goute d'autant mieux son bonheur en ce jour,
Qu'il se voit en état de servir votre amour.

D. GARCIE.

Hélas ! cette bonté, Seigneur, doit me confondre,
A mes plus chers desirs elle daigne répondre ;
Le coup que je craignois, le ciel l'a détourné,
Et tout autre que moi se verroit fortuné ;
Mais ces douces clartés d'un secret favorable
Vers l'objet adoré me découvrent coupable,
Et tombé de nouveau dans ces traîtres soupçons
Sur quoi l'on m'a tant fait d'inutiles leçons,
Et par qui mon ardeur si souvent odieuse,
Doit perdre tout espoir d'être jamais heureuse,
Oui, l'on doit me haïr avec trop de raison ;
Moi-même je me trouve indigne de pardon :
Et, quelque heureux succès que le sort me presente,
La mort, la seule mort, est toute mon attente.

D. ELVIRE.

Non, non, de ce transport le soumis mouvement,

Prince, jette en mon ame un plus doux sentiment.
Par lui de mes sermens je me sens détachée,
Vos plaintes, vos respects, vos douleurs m'ont tou-
 chée;
J'y vois par-tout briller un excès d'amitié,
Et votre maladie est digne de pitié.
Je vois, Prince, je vois qu'on doit quelque indul-
 gence
Aux défauts, où du ciel fait pencher l'influence,
Et, pour tout dire enfin, jaloux, ou non jaloux,
Mon Roi, sans me gêner, peut me donner à vous.

D. GARCIE.

Ciel ! dans l'excès des biens que cet aveu m'octroie,
Rends capable mon cœur de supporter sa joie.

D. ALPHONSE.

Je veux que cet hymen, après vos vains débats,
Seigneur, joigne à jamais nos cœurs & nos états;
Mais ici le tems presse, & Léon nous appelle;
Allons dans nos plaisirs satisfaire son zele:
Et par notre presence, & nos soins différens,
Donner le dernier coup au parti des tyrans.

F I N.

L'ECOLE
DES MARIS,
COMÉDIE.

A MONSEIGNEUR
LE DUC D'ORLÉANS,
FRERE UNIQUE DU ROI.

Monseigneur,

Je fais voir ici à la France des choses bien peu proportionnées. Il n'est rien de si grand, & de si superbe, que le nom que je mets à la tête de ce livre, & rien de plus bas que ce qu'il contient. Tout le monde trouvera cet assemblage étrange, & quelques-uns pourront bien dire pour exprimer l'inégalité, que c'est poser une couronne de perles & de diamans sur une statue de terre, & faire entrer par des portiques magnifiques & des arcs triomphaux superbes dans une méchante cabane. Mais, Monseigneur, ce qui doit me servir d'excuse, c'est qu'en cette aventure je n'ai eu aucun choix à faire, & que l'honneur que j'ai d'être à Votre Altesse Royale, m'a imposé une nécessité absolue de lui dédier le premier ouvrage que je mets de moi-même au jour. Ce n'est pas un présent que je lui fais, c'est un devoir dont je m'acquitte; & les hommages ne sont jamais regardés par les choses qu'ils portent. J'ai donc osé, Monseigneur, dédier une bagatelle à Votre Altesse Royale, parce que je n'ai pu m'en dispenser; & si je me dispense ici de m'étendre sur les belles & glorieuses vérités qu'on pourroit dire d'Elle, c'est par la juste appréhension que ces grandes idées ne fissent éclater encore davantage la bassesse de mon offrande. Je me suis imposé silence pour trouver un endroit plus propre à placer de si belles choses ; & tout ce que j'ai prétendu dans cette Epitre, c'est de justifier mon action à toute la France, & d'avoir cette gloire de vous dire à vous - même, MONSEIGNEUR, avec toute la soumission possible, que je suis,

DE VOTRE ALTESSE ROYALE,

Le très-humble, très-obéissant
& très-fidele serviteur,
MOLIERE.

ACTEURS.

SGANARELLE, frere d'Ariste.

ARISTE, frere de Sgnarelle.

ISABELLE, sœur de Léonor.

LEONOR, sœur d'Isabelle.

VALERE, amant d'Isabelle.

LISETTE, suivante de Léonor.

ERGASTE, valet de Valere.

UN COMMISSAIRE.

UN NOTAIRE.

DEUX LAQUAIS.

La Scene est à Paris dans une place publique.

L'ECOLE DES MARIS

L'ÉCOLE DES MARIS, COMEDIE.

ACTE PREMIER.

SCENE PREMIERE.
SGANARELLE, ARISTE.

SGANARELLE.

On frere, s'il vous plaît, ne discou-
rons point tant,
Et que chacun de nous vive comme il
l'entend ;
Bien que sur moi des ans vous ayez l'avantage,
Et soyez assez vieux pour devoir être sage,
Je vous dirai pourtant que mes intentions
Sont de ne prendre point de vos corrections :
Que j'ai pour tout conseil ma fantaisie à suivre,

L'ÉCOLE DES MARIS,
Et me trouve fort bien de ma façon de vivre.
ARISTE.
Mais chacun la condamne.
SGANARELLE.
      Oui, des fous comme vous,
Mon frere.
ARISTE.
  Grand merci, le compliment est doux.
SGANARELLE.
Je voudrois bien sçavoir, puisqu'il faut tout entendre,
Ce que ces beaux censeurs en moi peuvent reprendre?
ARISTE.
Cette farouche humeur, dont la sévérité
Fuit toutes les douceurs de la société,
A tous vos procédés inspire un air bisarre,
Et, jusques à l'habit, vous rend chez vous barbare.
SGANARELLE.
Il est vrai qu'à la mode il faut m'assujettir,
Et ce n'est point pour moi que je me dois vêtir?
Ne voudriez-vous point par vos belles sornettes,
Monsieur mon frere aîné, car Dieu merci vous l'êtes.
D'une vingtaine d'ans à ne vous rien céler;
Et cela ne vaut pas la peine d'en parler:
Ne voudriez-vous point, dis-je sur ces matieres,
De vos jeunes muguets m'inspirer les manieres,
M'obliger à porter de ces petits chapeaux
Qui laissent éventer leurs débiles cerveaux,
Et de ces blonds cheveux, de qui la vaste enflure
Des visages humains offusque la figure?
De ces petits pourpoints, sous les bras se perdans,
Et de ces grands colets jusqu'au nombril pendans?
De ces manches qu'à table on voit tâter les sauffes,
Et de ces cotillons appellés haut-de-chausses?
De ces souliers mignons de rubans revêtus,
Qui vous font ressembler à des pigeons patus?

Et de ces grands canons où, comme des entraves,
On met tous les matins ses deux jambes esclaves,
Et par qui nous voyons ces Messieurs les galans
Marcher écarquillés ainsi que des volans ?
Je vous plairois sans doute équipé de la sorte,
Et je vous vois porter les sottises qu'on porte.
ARISTE.
Toujours au plus grand nombre on doit s'accommoder,
Et jamais il ne faut se faire regarder.
L'un & l'autre excès choque, & tout homme bien sage
Doit faire des habits ainsi que du langage,
N'y rien trop affecter, & sans empressement,
Suivre ce que l'usage y fait de changement.
Mon sentiment n'est pas qu'on prenne la méthode
De ceux qu'on voit toujours enchérir sur la mode ;
Et qui, dans cet excès dont ils sont amoureux,
Seroient fâchés qu'un autre eût été plus loin qu'eux,
Mais je tiens qu'il est mal, sur quoi que l'on se fonde
De fuir obstinément ce que suit tout le monde,
Et qu'il vaut mieux souffrir d'être au nombre des fous,
Que du sage parti se voir seul contre tous.
SGANARELLE.
Cela sent son vieillard, qui, pour s'en faire accroire,
Cache ses cheveux blancs d'une perruque noire.
ARISTE.
C'est un étrange fait du soin que vous prenez,
A me venir toujours jetter mon âge au nez ;
Et qu'il faille qu'en moi sans cesse je vous voie
Blâmer l'ajustement, aussi-bien que la joie :
Comme, si condamnée à ne plus rien chérir,
La vieillesse devoit ne songer qu'à mourir,
Et d'assez de laideur n'est pas accompagnée,
Sans se tenir encor mal-propre & rechignée.
SGANRELLE.
Quoi qu'il en soit, je suis attaché fortement

A ne démordre point de mon habillement.
Je veux une coëffure, en dépit de la mode,
Sous qui toute ma tête ait un abri commode ;
Un bon pourpoint bien long, & fermé comme il faut,
Qui, pour bien digérer, tienne l'eſtomac chaud !
Un haut de chauſſe fait juſtement pour ma cuiſſe ;
Des ſouliers où mes pieds ne ſoient point au ſupplice ;
Ainſi qu'en ont uſé ſagement nos ayeux :
Et qui me trouve mal n'a qu'à fermer les yeux.

SCENE II.

LEONOR, ISABELLE, LISETTE, ARISTE & SGANARELLE, *parlant bas ſur le devant du théatre, ſans être aperçus.*

LEONOR *à Iſabelle.*

Je me charge de tout, en cas que l'on vous gronde.
LISETTE *à Iſabelle.*
Toujours dans une chambre à ne point voir le monde ?

ISABELLE.
Il eſt ainſi bâti.
LEONOR.
Je vous en plains ma ſœur.
LISETTE *à Léonor.*
Bien vous prend que ſon frere ait toute une autre humeur,
Madame, & le deſtin vous fut bien favorable,
En vous faiſant tomber aux mains du raiſonnable.

ISABELLE.
C'eſt un miracle encor qu'il ne m'ait aujourd'hui
Enfermée à la clef, ou menée avec lui.

COMEDIE. 119
LISETTE.
Ma foi, je l'envoyerois au diable avec fa fraife,
Et....
SGANARELLE *heurté par Lifette.*
Où donc allez-vous, qu'il ne vous en déplaife ?
LEONOR.
Nous ne fçavons encore, & je preffois ma fœur
De venir du beau tems refpirer la douceur :
Mais...
SGANARELLE *à Léonor.*
Pour vous, vous pouvez aller où bon vous femble.
(*Montrant Lifette.*)
Vous n'avez qu'à courir, vous voilà deux enfemble:
(*à Ifabelle.*)
Mais vous, je vous défends, s'il vous plaît, de fortir.
ARISTE.
Ah ! Laiffez-les, mon frere, aller fe divertir.
SGANARELLE.
Je fuis votre valet, mon frere.
ARISTE.
       La jeuneffe
Veut....
SGANARELLE.
  La jeuneffe eft fotte, & par fois la vieilleffe.
ARISTE.
Croyez-vous qu'elle eft mal d'être avec Léonor !
SGANARELLE.
Non pas ; mais avec moi je la crois mieux encor.
ARISTE.
Mais....
SGANARELLE.
  Mais fes actions de moi doivent dépendre,
Et je fçais l'intérêt enfin que j'y dois prendre.
ARISTE.
A celles de fa fœur ai-je un moindre intérêt ?
SGANARELLE.
Mon Dieu, chacun raifonne, & fait comme il lui plaît.
Elles font fans parens, & notre ami, leur pere

Nous commit leur conduite à son heure derniere ;
Et nous chargeant tous deux, ou de les épouser,
Ou, sur notre refus, un jour d'en disposer,
Sur elles, par contrat, nous sçut dès leur enfance,
Et de pere, & d'époux donner pleine puissance ;
D'élever celle-là vous prîtes le souci,
Et moi, je me chargeai du soin de celle-ci ;
Selon vos volontés vous gouvernez la vôtre,
Laissez-moi, je vous prie, à mon gré régir l'autre.
ARISTE.
Il me semble....
SGANARELLE.
     Il me semble, & je le dis tout haut,
Que sur un tel sujet, c'est parler comme il faut.
Vous souffrez que la vôtre aille leste & pimpante ;
Je le veux bien : qu'elle ait & laquais & suivante,
J'y consens ; qu'elle courre, aime l'oisiveté,
Et soit des damoiseaux flairée en liberté,
J'en suis fort satisfait : mais j'entends que la mienne :
Vive à ma fantaisie, & non pas à la sienne ;
Que d'une serge honnête elle ait son vêtement,
Et ne porte le noir qu'aux bons jours seulement ;
Qu'enfermée au logis en personne bien sage,
Elle s'applique toute aux choses du ménage,
A recoudre mon linge aux heures de loisir,
Ou bien à tricotter quelques bas par plaisir ;
Qu'aux discours des muguets elle ferme l'oreille,
Et ne sorte jamais sans avoir qui la veille.
Enfin la chair est foible, & j'entends tous les bruits.
Je ne veux point porter des cornes, si je puis,
Et, comme à m'épouser la fortune l'appelle,
Je prétends, corps pour corps, pouvoir répondre
 d'elle.
ISABELLE.
Vous n'avez pas sujet, que je croi....
SGANARELLE.
       Taisez-vous.
Je vous apprendrai bien, s'il faut sortir sans nous.
LEONOR.

COMEDIE.

LEONOR.
Quoi donc, Monsieur ?
GANARELLE.
Mon Dieu, madame, sans langage,
Je ne vous parle pas, car vous êtes trop sage.
LEONOR.
Voyez-vous Isabelle avec nous à regret ?
SGANARELLE.
Oui, vous me la gâtez, puisqu'il faut parler net.
Vos visites ici ne font que me déplaire,
Et vous m'obligerez de ne nous en plus faire.
LEONOR.
Voulez-vous que mon cœur vous parle net aussi ?
J'ignore de quel œil elle voit tout ceci ;
Mais je sais ce qu'en moi feroit la défiance,
Et, quoiqu'un même sang nous ait donné naissance,
Nous sommes bien peu sœurs, s'il faut que chaque jour
Vos manieres d'agir lui donnent de l'amour.
LISETTE.
En effet, tous ces soins sont des choses infâmes.
Sommes-nous chez les Turcs pour renfermer les femmes ?
Car on dit qu'on les tient esclaves en ce lieu,
Et que c'est pour cela qu'ils sont maudits de Dieu.
Notre honneur est, Monsieur, bien sujet à foiblesse,
S'il faut qu'il ait besoin qu'on le garde sans cesse.
Pensez-vous, après tout, que ces précautions
Servent de quelque obstacle à nos intentions ?
Et, quand nous nous mettons quelque chose à la tête,
Que l'homme le plus fin ne soit pas une bête ?
Toutes ces gardes-là sont visions de fous,
Le plus sûr est, ma foi de se fier en nous ;
Qui nous gêne, se met en un péril extrême,
Et toujours notre honneur veut se garder lui-même ;
C'est nous inspirer presque un desir de pécher,
Que montrer tant de soins de nous en empêcher,

Tome II.   F

Et si par un mari je me voyois contrainte,
J'aurois fort grande pente à confirmer sa crainte.
   SGANARELLE *à Ariste.*
Voilà, beau précepteur, votre éducation :
Et vous souffrez cela sans nulle émotion ?
    ARISTE.
Mon frere, son discours ne doit que faire rire,
Elle a quelque raison en ce qu'elle veut dire.
Leur sexe aime à jouir d'un peu de liberté,
On le retient fort mal par tant d'austérité,
Et les soins défians, les verroux & les grilles,
Ne font pas la vertu des femmes ni des filles ;
C'est l'honneur qui les doit tenir dans le devoir,
Non la sévérité que nous leur faisons voir.
C'est une étrange chose, à vous parler sans feinte,
Qu'une femme qui n'est sage que par contrainte.
En vain sur tous ses pas nous prétendons régner,
Je trouve que le cœur est ce qu'il faut gagner ;
Et je ne tiendrois moi, quelque soin qu'on se donne,
Mon honneur guere sûr aux mains d'une personne,
A qui, dans les desirs qui pourroient l'assaillir,
Il ne manqueroit rien qu'un moyen de faillir.
    SGANARELLE.
Chansons que tout cela.
    ARISTE.
      Soit ; mais je tiens sans cesse
Qu'il nous faut en riant instruire la jeunesse,
Reprendre ses défauts avec grande douceur,
Et du nom de vertu ne lui point faire peur.
Mes soins pour Léonor ont suivi ces maximes ;
Des moindres libertés je n'ai point fait de crimes,
A ses jeunes desirs j'ai toujours consenti,
Et je ne m'en suis point, grace au ciel, repenti.
J'ai souffert qu'elle ait vu les belles compagnies,
Les divertissemens, les bals, les comédies ;
Ce sont choses, pour moi, que je tiens de tout tems
Fort propres à former l'esprit des jeunes gens ;
Et l'école du monde, en l'air dont il faut vivre,

COMEDIE.

Inſtruit mieux à mon gré que ne fait aucun livre.
Elle aime à dépenſer en habits, linge & nœuds,
Que voulez-vous ? Je tâche à contenter ſes vœux,
Et ce ſont des plaiſirs qu'on peut dans nos familles,
Lorſque l'on a du bien, permettre aux jeunes filles.
Un ordre paternel l'oblige à m'épouſer ;
Mais mon deſſein n'eſt pas de la tyranniſer.
Je ſais bien que nos ans ne ſe rapportent guere,
Et je laiſſe à ſon choix liberté toute entiere.
Si quatre mille écus de rentes bien venans,
Une grande tendreſſe & des ſoins complaiſans
Peuvent, à ſon avis, pour un tel mariage,
Réparer entre nous l'inégalité d'âge,
Elle peut m'épouſer ; ſinon, choiſir ailleurs.
Je conſens que ſans moi ſes deſtins ſoient meilleurs ;
Et j'aime mieux la voir ſous un autre hymenée,
Que ſi contre ſon gré ſa main m'étoit donnée.

SGANARELLE.
Hé, qu'il eſt doucereux ! C'eſt tout ſucre & tout miel.

ARISTE.
Enfin, c'eſt mon humeur, & j'en rends grace au ciel.
Je ne ſuivrois jamais ces maximes ſéveres
Qui font que les enfans comptent les jours des peres.

SGANARELLE.
Mais ce qu'en la jeuneſſe on prend de liberté,
Ne ſe retranche pas avec facilité ;
Et tous ſes ſentimens ſuivront mal votre envie,
Quand il faudra changer ſa maniere de vie.

ARISTE.
Et pourquoi la changer ?

SGANARELLE.
Pourquoi ?

ARISTE.
Oui.

SGANARELLE.
Je ne ſai.

L'ÉCOLE DES MARIS,

ARISTE.
Y voit-on quelque chose où l'honneur soit blessé ?
SGANARELLE.
Quoi ? si vous l'épousez, elle pourra prétendre
Les mêmes libertés que fille on lui voit prendre ?
ARISTE.
Pourquoi non ?
SGANARELLE.
Vos desirs lui seront complaisans ;
Jusques à lui laisser & mouches & rubans ?
ARISTE.
Sans doute.
SGANARELLE.
A lui souffrir, en cervelle troublée ;
De courir tous les bals & les lieux d'assemblée ?
ARISTE.
Oui vraiment.
SGANARELLE.
Et chez vous iront les damoiseaux ?
ARISTE.
Et quoi donc ?
SGANARELLE.
Qui joueront, & donneront cadeaux ?
ARISTE.
D'accord.
SGANARELLE.
Et votre femme entendra les fleurettes ?
ARISTE.
Fort bien.
SGANARELLE.
Et vous verrez ces visites muguettes
D'un œil à témoigner de n'en être point saoul ?
ARISTE.
Cela s'entend.
SGANARELLE.
Allez, vous êtes un vieux fou.
(à Isabelle.)
Rentrez pour n'ouir point cette pratique infame.

SCENE III.
ARISTE, SGANARELLE, LEONOR, LISETTE.

ARISTE.

Je veux m'abandonner à la foi de ma femme ;
Et prétends toujours vivre ainsi que j'ai vécu.
SGANARELLE.
Que j'aurai de plaisir quand il sera cocu !
ARISTE.
J'ignore pour quel sort mon astre m'a fait naître ;
Mais je sais que pour vous, si vous manquez de l'être,
On ne vous en doit point imputer le défaut :
Car vos soins pour cela sont bien tout ce qu'il faut.
SGANARELLE.
Riez donc, beau rieur. Oh ! que cela doit plaire
De voir un goguenard presque sexagenaire !
LEONOR.
Du sort dont vous parlez je le garantis moi,
S'il faut que par l'hymen il reçoive ma foi ;
Il s'en peut assurer : mais sachez que mon ame
Ne répondroit de rien, si j'étois votre femme.
LISETTE.
C'est conscience à ceux qui s'assurent en nous ;
Mais c'est pain béni, certe, à des gens comme vous.
SGANARELLE.
Allez, langue maudite, & des plus mal apprises.
ARISTE.
Vous vous êtes, mon frere, attiré ces sottises.
Adieu. Changez d'humeur, & soyez averti
Que renfermer sa femme est un mauvais parti :
Je suis votre valet.
SGANARELLE.
Je ne suis pas le vôtre.

SCENE IV.

SGANARELLE *seul.*

OH! que les voilà bien tous formés l'un pour
  l'autre !
Quelle belle famille ! Un vieillard insensé
Qui fait le dameret dans un corps tout cassé,
Une fille maîtresse & coquette suprême,
Des valets impudens ; non la sagesse même
N'en viendroit pas à bout, perdroit sens & raison
A vouloir corriger une telle maison.
Isabelle pourroit perdre dans ces hantises
Les semences d'honneur qu'avec nous elle a prises ;
Et pour l'en empêcher, dans peu nous prétendons
Lui faire aller revoir nos choux & nos dindons.

SCENE V.

VALERE, SGANARELLE, ERASTE.

VALERE *dans le fond du Théatre.*

ERgaste, le voilà cet argus que j'abhorre,
Le sévere tuteur de celle que j'adore.
  SGANARELLE *se croyant seul.*
N'est-ce pas quelque chose enfin de surprenant
Que la corruption des mœurs de maintenant ?
  VALERE.
Je voudrois l'accoster, s'il est en ma puissance,
Et tâcher de lier avec lui connoissance.
  SGANARELLE *se croyant seul.*
Au lieu de voir régner cette sévérité

COMEDIE.

Qui composoit si bien l'ancienne honnêteté,
La jeunesse en ces lieux, libertine, absolue,
Ne prend....

(*Valere salue Sganarelle de loin.*)

VALERE.
Il ne voit pas que c'est lui qu'on salue.
ERGASTE.
Son mauvais œil peut-être est de ce côté-ci.
Passons du côté droit.

SGANARELLE *se croyant seul.*
Il faut sortir d'ici.
Le séjour de la ville en moi ne peut produire
Que des...

VALERE *en s'approchant peu à peu.*
Il faut chez lui tâcher de m'introduire.
SGANARELLE *entendant quelque bruit.*
Hé! J'ai cru qu'on parloit.

(*se croyant seul.*)
Aux champs, graces aux cieux,
Les sottises du tems ne blessent point mes yeux.
ERGASTE à *Valere.*
Abordez-le.
SGANARELLE *entendant encore du bruit.*
Plaît-il?
(*n'entendant plus rien.*)
Les oreilles me cornent.

(*se croyant seul.*)
Là, tous les passe-tems de nos filles se bornent...
(*Il apperçoit Valere qui le salue.*)
Est-ce à nous?

ERGASTE à *Valere.*
Approchez.
SGANARELLE *sans prendre garde à Valere.*
Là nul godelureau
(*Valere le salue encore.*)
Ne vient... Que diable...

128 L'ÉCOLE DES MARIS,
(*Il se retourne, & voit Ergaste qui le salue de l'autre côté.*)
Encor ? Que de coups de chapeau !
VALERE.
Monsieur, un tel abord vous interrompt peut-être.
SGANARELLE.
Cela se peut.
VALERE.
Mais quoi ! L'honneur de vous connoître
M'est un si grand bonheur, m'est un si doux plaisir
Que de vous saluer j'avois un grand desir.
SGANARELLE.
Soit.
VALERE.
Et de vous venir, mais sans nul artifice,
Assurer que je suis tout à votre service.
SGANARELLE.
Je le crois.
VALERE.
J'ai le bien d'être de vos voisins,
Et j'en dois rendre grace à mes heureux destins.
SGANARELLE.
C'est bien fait.
VALERE.
Mais, Monsieur, sçavez-vous les nouvelles
Que l'on dit à la Cour, & qu'on tient pour fideles ?
SGANARELLE.
Que m'importe ?
VALERE.
Il est vrai ; mais pour les nouveautés,
On peut avoir par fois des curiosités.
Vous irez voir, Monsieur, cette magnificence
Que de notre Dauphin prépare la naissance ?
SGANARELLE.
Si je veux.
VALERE.
Avouons que Paris nous fait part
De cent plaisirs charmans qu'on n'a point autre part;

COMEDIE.

Les Provinces auprès sont des lieux solitaires.
A quoi donc passez-vous le tems ?
SGANARELLE.
A mes affaires.
VALERE.
L'esprit veut du relâche, & succombe par fois
Par trop d'attachement aux sérieux emplois.
Que faites-vous les soirs avant qu'on se retire ?
SGANARELLE.
Ce qui me plaît.
VALERE.
Sans doute : on ne peut pas mieux dire,
Cette réponse est juste, & le bon sens paroît
A ne vouloir jamais faire que ce qui plaît.
Si je ne vous croyois l'ame trop occupée,
J'irois par fois chez vous passer l'après-soupée.
SGANARELLE.
Serviteur.

SCENE VI.
VALERE, ERGASTE.
VALERE.

Que dis-tu de ce bizarre fou ?
ERGASTE.
Il a le repart brusque, & l'accueil loup-garou.
VALERE.
Ah ! J'enrage.
ERGASTE.
Et de quoi ?
VALERE.
De quoi ? C'est que j'enrage
De voir celle que j'aime au pouvoir d'un sauvage,
D'un dragon surveillant dont la sévérité
Ne lui laisse jouir d'aucune liberté.

ERGASTE.

C'est ce qui fait pour vous, & sur ces conséquences,
Votre amour doit fonder de grandes espérances.
Apprenez, pour avoir votre esprit affermi,
Qu'une femme qu'on garde est gagnée à demi,
Et que les noirs chagrins des maris ou des peres
Ont toujours du galant avancé les affaires.
Je coquette fort peu, c'est mon moindre talent,
Et de profession je ne suis point galant :
Mais j'en ai servi vingt de ces chercheurs de proie,
Qui disoient fort souvent que leur plus grande joie
Étoit de rencontrer de ces maris fâcheux
Qui jamais sans gronder ne reviennent chez eux;
De ces brutaux fieffés qui, sans raison ni suite,
De leurs femmes en tout contrôlent la conduite,
Et, du nom de mari fièrement se parans,
Leur rompent en visiere aux yeux des soupirans.
On en sçait, disent-ils, prendre ses avantages,
Et l'aigreur de la dame à ces sortes d'outrages
Dont la plaint doucement le complaisant témoin,
Est un champ à pousser les choses assez loin :
En un mot, ce vous est une attente assez belle,
Que la sévérité du tuteur d'Isabelle.

VALERE.

Mais depuis quatre mois que je l'aime ardemment,
Je n'ai pour lui parler pu trouver un moment.

ERGASTE.

L'amour rend inventif; mais vous ne l'êtes guere,
Et si j'avois été....

VALERE.

    Mais qu'aurois-tu pu faire
Puisque sans ce brutal on ne la voit jamais ;
Et qu'il n'est-là dedans servantes ni valets
Dont, par l'appas flatteur de quelque récompense,
Je puisse pour mes feux ménager l'assistance ?

ERGASTE.

Elle ne sçait donc pas encor que vous l'aimez ?

COMEDIE.
VALERE.
C'est un point dont mes vœux ne sont pas informés.
Par-tout où ce farouche a conduit cette belle,
Elle m'a toujours vu comme une ombre après elle,
Et mes regards aux siens ont tâché chaque jour
De pouvoir expliquer l'excès de mon amour.
Mes yeux ont fort parlé; mais qui me peut apprendre
Si leur langage enfin a pu se faire entendre ?
ERGASTE.
Ce langage, il est vrai, peut être obscur par fois,
S'il n'a pour truchement l'écriture ou la voix.
VALERE.
Que faire pour sortir de cette peine extrême,
Et sçavoir si la belle a connu que je l'aime ?
Di-m'en quelque moyen.
ERGASTE.
     C'est ce qu'il faut trouver,
Entrons un peu chez vous afin d'y mieux rêver.

Fin du premier Acte.

ACTE II.

SCENE PREMIERE.

ISABELLE, SGANARELLE.

SGANARELLE *à part.*

VA, je sçais la maison, & connois la personne
Aux marques seulement que ta bouche me donne.
        ISABELLE *à part.*
O ciel! sois-moi propice, & seconde en ce jour
Le stratagême adroit d'un innocent amour.
        SGANARELLE.
Dis-tu pas qu'on t'a dit, qu'il s'apelle Valere?
        ISABELLE.
Oui.
        SGANARELLE.
    Va, sois en repos, rentre & me laisse faire;
Je vais parler sur l'heure à ce jeune étourdi.
        ISABELLE *en s'en allant.*
Je fais pour une fille, un projet bien hardi;
Mais l'injuste rigueur dont envers moi l'on use,
Dans tout esprit bien fait me servira d'excuse.

COMEDIE.

SCENE II.

SGANARELLE *seul.*

(*Il frappe à sa porte, croyant que c'est celle de Valere.*)

Ne perdons point de tems ; c'est ici. Qui va là ?
Bon, je rêve. Holà, dis-je, holà, quelqu'un, holà.
Je ne m'étonne pas, après cette lumiere,
S'il y venoit tantôt de si douce maniere :
Mais je me veux hâter, & de son fol espoir....

SCENE III.

VALERE, SGANARELLE, ERGASTE.

SGANARELLE *à Ergaste qui est sorti brusquement.*

Peste soit du gros bœuf, qui, pour me faire cheoir,
Se vient devant mes pas planter comme une perche.
VALERE.
Monsieur, j'ai du regret....
SGANARELLE.
    Ah ! c'est vous que je cherche.
VALERE.
Moi, Monsieur.
SGANARELLE.
Vous. Valere est-il pas votre nom ?
VALERE.
Oui.
SGANARELLE.
Je viens vous parler, si vous le trouvez bon.

L'ECOLE DES MARIS,

VALERE.
Puis-je être assez heureux pour vous rendre service ?
SGANARELLE.
Non. Mais je prétends, moi, vous rendre un bon office;
Et c'est ce qui chez vous prend droit de m'amener.
VALERE.
Chez moi, Monsieur ?
SGANARELLE.
Chez vous. Faut-il tant s'étonner ?
VALERE.
J'en ai bien du sujet, & mon ame ravie
De l'honneur....
SGANARELLE.
Laissons-là cet honneur, je vous prie.
VALERE.
Voulez-vous pas entrer ?
SGANARELLE.
Il n'en est pas besoin.
VALERE.
Monsieur, de grace.
SGANARELLE.
Non, je n'irai pas plus loin.
VALERE.
Tant que vous serez-là, je ne puis vous entendre.
SGANARELLE.
Moi, je n'en veux bouger.
VALERE.
Hé bien, il faut se rendre;
Vîte, puisque Monsieur à cela se résout,
Donnez un siege ici.
SGANARELLE.
Je veux parler debout.
VALERE.
Vous souffrir de la sorte ?
SGANARELLE.
Ah, contrainte effroyable !

COMEDIE.

VALERE.
Cette incivilité seroit trop condamnable.
SGANARELLE.
C'en est une que rien ne sçauroit égaler,
De n'ouir pas les gens qui veulent nous parler.
VALERE.
Je vous obéis donc.
SGANARELLE.
     Vous ne sauriez mieux faire.
(Ils font de grandes cérémonies pour se couvrir.)
Tant de cérémonie est fort peu nécessaire.
Voulez-vous m'écouter ?
VALERE.
     Sans doute, & de grand cœur.
SGANARELLE.
Scavez-vous, dites-moi, que je suis le tuteur
D'une fille assez jeune, & passablement belle,
Qui loge en ce quartier, & qu'on nomme Isabelle ?
VALERE.
Oui.
SGANARELLE.
  Si vous le sçavez, je ne vous l'apprends pas,
Mais sçavez-vous aussi, lui trouvant des appas,
Qu'autrement qu'en tuteur sa personne me touche,
Et qu'elle est destinée à l'honneur de ma couche?
VALERE.
Non.
SGANARELLE.
Je vous l'apprends donc; & qu'il est à propos
Que vos feux, s'il vous plaît, la laissent en repos.
VALERE.
Qui ? moi, Monsieur ?
SGANARELLE.
   Oui, vous. Mettons bas toute feinte,
VALERE.
Qui vous a dit que j'ai pour elle l'ame atteinte?
SGANARELLE.
Des gens à qui l'on peut donner quelque crédit.

VALERE.

Mais encore ?

SGANARELLE.

Elle-même.

VALERE.

Elle ?

SGANARELLE.

Elle. Est-ce assez dit ?
Comme une fille honnête, & qui m'aime d'enfance,
Elle vient de m'en faire entiere confidence;
Et, de plus m'a chargé de vous donner avis
Que depuis que par vous tous ses pas son suivis,
Son cœur, qu'avec excès votre poursuite outrage,
N'a que trop de vos yeux entendu le langage;
Que vos secrets desirs lui sont assez connus,
Et que c'est vous donner des soucis superflus
De vouloir davantage expliquer une flamme
Qui choque l'amitié que me garde son ame.

VALERE.

C'est elle, dites-vous, qui de sa part vous fait....

SGANARELLE.

Oui, vous venir donner cet avis franc & net;
Et qu'ayant vu l'ardeur dont votre ame est blessée,
Elle vous eût plutôt fait sçavoir sa pensée,
Si son cœur avoit eu, dans son émotion,
A qui pouvoir donner cette commission;
Mais qu'enfin la douleur d'une contrainte extrême
L'a réduite à vouloir se servir de moi-même,
Pour vous rendre averti, comme je vous ai dit,
Qu'à tout autre que moi son cœur est interdit,
Que vous avez assez joué de la prunelle,
Et que, si vous avez tant soit peu de cervelle,
Vous prendrez d'autres soins. Adieu, jusqu'au re-
voir.
Voilà ce que j'avois à vous faire sçavoir.

VALERE *bas.*

Ergaste ; que dis-tu d'une telle aventure.

COMEDIE.

SGANARELLE *bas à part.*

Le voilà bien surpris !

ERGASTE *bas à Valere.*

Selon ma conjecture,
Je tiens qu'elle n'a rien de déplaisant pour vous ;
Qu'un mystere assez fin est caché là-dessous,
Et qu'enfin cet avis n'est pas d'une personne
Qui veuille voir cesser l'amour qu'elle vous donne.

SGANARELLE *à part.*

Il en tient comme il faut.

VALERE *bas à Ergaste.*

Tu crois mystérieux...

ERGASTE *bas.*

Oui.. Mais il nous observe, ôtons-nous de ses yeux.

SCENE IV.

SGANARELLE *seul.*

Que sa confusion paroît sur son visage !
Il ne s'attendoit pas, sans doute à ce message ;
Appellons Isabelle ; elle montre le fruit
Que l'éducation dans une ame produit.
La vertu fait ses soins, & son cœur s'y consomme
Jusques à s'offenser des seuls regards d'un homme.

SCENE V.

ISABELLE, SGANARELLE.

ISABELLE *bas en entrant.*

J'Ai peur que mon amant, plein de sa passion,
N'ait pas de mon avis compris l'intention ;
Et j'en veux, dans les fers où je suis prisonniere,

Hasarder un qui parle avec plus de lumiere.
SGANARELLE.
Me voilà de retour.
ISABELLE.
Hé bien?
SGANARELLE.
Un plein effet
A suivi tes discours, & ton homme a son fait.
Il me vouloit nier que son cœur fût malade;
Mais lorsque de ta part j'ai marqué l'ambassade,
Il est resté d'abord & muet & confus,
Et je ne pense pas qu'il y revienne plus.
ISABELLE.
Ah, que me dites-vous? j'ai bien peur du contraire,
Et qu'il ne nous prépare encor plus d'une affaire.
SGANARELLE.
Et sur quoi fondes-tu cette peur que tu dis?
ISABELLE.
Vous n'avez pas été plutôt hors du logis,
Qu'ayant pour prendre l'air la tête à ma fenêtre,
J'ai vu dans ce détour un jeune homme paroître,
Qui d'abord de la part de cet impertinent,
Est venu me donner un bon jour surprenant,
Et m'a droit dans ma chambre une boîte jettée
Qui renferme une lettre en poulet cachetée.
J'ai voulu sans tarder lui rejetter le tout;
Mais ses pas de la rue avoient gagné le bout,
Et je m'en sens le cœur tout gros de fâcherie.
SGANARELLE.
Voyez un peu la ruse & la friponnerie!
ISABELLE.
Il est de mon devoir de faire promptement
Reporter boîte & lettre à ce maudit amant,
Et j'aurois pour cela besoin d'une personne....
Car d'oser à vous-même....
SGANARELLE.
Au contraire, mignonne,

COMEDIE. 139

C'est me faire mieux voir ton amour & ta foi,
Et mon cœur avec joie accepte cet emploi ;
Tu m'obliges par-là plus que je ne puis dire.
ISABELLE.
Tenez donc.
SGANARELLE.
Bon. Voyons ce qu'il a pu t'écrire
ISABELLE.
Ah, ciel ! Gardez-vous bien de l'ouvrir.
SGANARELLE.
Et pourquoi ?
ISABELLE.
Lui voulez-vous donner à croire que c'est moi ?
Une fille d'honneur doit toujours se défendre
De lire les billets qu'un homme lui fait rendre.
La curiosité qu'on fait lors éclater
Marque un secret plaisir de s'en ouir conter,
Et je trouve à propos que, toute cachetée,
Cette lettre lui soit promptement reportée ;
Afin que d'autant mieux il connoisse aujourd'hui
Le mépris éclatant que mon cœur fait de lui,
Que ses feux désormais perdent toute espérance,
Et n'entreprennent plus pareille extravagance.
SGANARELLE.
Certes, elle a raison lorsqu'elle parle ainsi.
Va, ta vertu me charme, & ta prudence aussi ;
Je vois que mes leçons ont germé dans ton ame,
Et tu te montres digne enfin d'être ma femme.
ISABELLE.
Je ne veux pas pourtant gêner votre desir.
La lettre est dans vos mains & vous pouvez l'ouvrir.
SGANARELLE.
Non, je n'ai garde, hélas ! Tes raisons sont trop bonnes,
Et je vais m'acquitter du soin que tu me donnes ;
A quatre pas de-là dire ensuite deux mots,
Et revenir ici te remettre en repos.

SCENE VI.
SGANARELLE *seul.*

Dans quel raviſſement eſt-ce que mon cœur nage,
Lorſque je vois en elle une fille ſi ſage !
C'eſt un tréſor d'honneur que j'ai dans ma maiſon.
Prendre un regard d'amour pour une trahiſon,
Recevoir un poulet comme une injure extrême,
Et le faire au galant reporter par moi-même ?
Je voudrois bien ſçavoir, en voyant tout ceci,
Si celle de mon frere en uſeroit ainſi.
Ma foi, les filles ſont ce que l'on les fait être.
Holà.
(Il frappe à la porte de Valere.)

SCENE VII.
SGANARELLE, ERGASTE.

ERGASTE.

Qu'eſt-ce ?
SGANARELLE.
Tenez, dites à votre maître
Qu'il ne s'ingere pas d'oſer écrire encor,
Des lettres qu'il envoie avec des boîtes d'or,
Et qu'Iſabelle en eſt puiſſamment irritée.
Voyez, on ne l'a pas au moins décachetée ;
Il connoîtra l'état que l'on fait de ſes feux,
Et quel heureux ſuccès il doit eſpérer d'eux.

COMEDIE.

SCENE VIII.
VALERE, ERGASTE.
VALERE.

Que vient de te donner cette farouche bête ?
ERGASTE.
Cette lettre, Monsieur, qu'avecque cette boîte,
On prétend qu'ait recue Isabelle de vous,
Et dont elle est, dit-il, en un fort grand courroux.
C'est sans vouloir l'ouvrir qu'elle vous la fait rendre ;
Lisez vîte, & voyons si je me puis méprendre.
VALERE lit.

Cette lettre vous surprendra sans doute, & l'on peut trouver bien hardi pour moi, & le dessein de vous l'écrire, & la maniere de vous la faire tenir; mais je me vois dans un état à ne plus garder de mesures. La juste horreur d'un mariage dont je suis menacée dans six jours, me fait hasarder toutes choses ; &, dans la résolution de m'en affranchir par quelque voie que ce soit, j'ai cru que je devrois plutôt vous choisir que le désespoir. Ne croyez pas pourtant que vous soyiez redevable de tout à ma mauvaise destinée ; ce n'est pas la contrainte où je me trouve qui a fait naître les sentimens que j'ai pour vous, mais c'est elle qui en précipite le témoignage, & qui me fait passer sur des formalités où la bienséance du sexe oblige. Il ne tiendra qu'à vous que je sois à vous bientôt, & j'attends seulement que vous m'ayez marqué les intentions de votre amour, pour vous faire sçavoir la résolution que j'ai prise : mais sur-tout songez que le tems presse, & que deux cœurs qui s'aiment doivent s'entendre à demi mot.

L'ÉCOLE DES MARIS,

ERGASTE.

Hé bien, Monsieur, le tour est-il d'original ?
Pour une jeune fille elle n'en sçait pas mal ;
De ces ruses d'amour la croiroit-on capable ?

VALERE.

Ah ! je la trouve-là tout-à-fait adorable ;
Ce trait de son esprit, & de son amitié
Accroît pour elle encor mon amour de moitié ;
Et joint aux sentimens que sa beauté m'inspire...

ERGASTE.

La dupe vient, songez à ce qu'il vous faut dire.

SCENE IX.

SGANARELLE, VALERE, ERGASTE.

SGANARELLE *se croyant seul.*

O Trois & quatre fois beni soit cet édit
Par qui des vêtemens le luxe est interdit !
Les peines des maris ne seront plus si grandes,
Et les femmes auront un frein à leurs demandes.
Oh, que je sçais au Roi bon gré de ces décris !
Et que, pour le repos de ces mêmes maris,
Je voudrois bien qu'on fit de la coquetterie,
Comme de la guipure & de la broderie !
J'ai voulu l'acheter l'édit expressément,
Afin que d'Isabelle il soit lu hautement ;
Et ce sera tantôt, n'étant plus occupée,
Le divertissement de notre après soupée.

(*Appercevant Valere.*)

Envoyerez-vous encor, Monsieur aux blonds cheveux,
Avec des boîtes d'or des billets amoureux ?
Vous pensiez bien trouver quelque jeune coquette
Friande de l'intrigue, & tendre à la fleurette ?

COMEDIE. 143

Vous voyez de quel air on reçoit vos joyaux :
Croyez-moi, c'est tirer votre poudre aux moineaux,
Elle est sage, elle m'aime, & votre amour l'outrage,
Prenez visée ailleurs & troussez-moi bagage.

VALERE.

Oui, oui, votre mérite à qui chacun se rend,
Est à mes vœux, Monsieur, un obstacle trop grand ;
Et c'est folie à moi, dans mon ardeur fidelle,
De prétendre avec vous à l'amour d'Isabelle.

SGANARELLE.

Il est vrai, c'est folie.

VALERE.

Aussi n'aurai-je pas
Abandonné mon cœur à suivre ses appas,
Si j'avois pu prévoir que ce cœur misérable
Dût trouver un rival comme vous redoutable.

SGANARELLE.

Je le crois.

VALERE.

Je n'ai garde à present d'espérer ;
Je vous cede, Monsieur, & c'est sans murmurer.

SGANARELLE.

Vous faites bien.

VALERE.

Le droit de la sorte l'ordonne ;
Et de tant de vertus brille votre personne,
Que j'aurois tort de voir d'un regard de couroux
Les tendres sentimens qu'Isabelle a pour vous.

SGANARELLE.

Cela s'entend.

VALERE.

Oui, oui, je vous quitte la place :
Mais je vous prie au moins, & c'est la seule grace,
Monsieur, que vous demande un misérable amant
Dont vous seul aujourd'hui causez tout le tourment,
Je vous conjure donc d'assurer Isabelle
Que, si depuis trois mois mon cœur brûle pour elle,

144 L'ÉCOLE DES MARIS,
Cet amour est sans tache, & n'a jamais pensé
A rien dont son honneur ait lieu d'être offensé.
SGANARELLE.
Oui.
VALERE.
Que, ne dépendant que du choix de mon ame,
Tous mes desseins étoient de l'obtenir pour femme,
Si les destins, en vous qui captivez son cœur,
N'opposoient un obstacle à cette juste ardeur.
SGANARELLE.
Fort bien.
VALERE.
Que, quoi qu'on fasse, il ne lui faut pas croire
Que jamais ses appas sortent de ma mémoire,
Que, quelque arrêt des cieux qu'il me faille subir,
Mon sort est de l'aimer jusqu'au dernier soupir ;
Et que, si quelque chose étouffe mes poursuites,
C'est le juste respect que j'ai pour vos mérites.
SGANARELLE.
C'est parler sagement, & je vais de ce pas
Lui faire ce discours qui ne la choque pas ;
Mais, si vous me croyez, tâchez de faire en sorte
Que de votre cerveau cette passion sorte.
Adieu.
ERGASTE *à Valere.*
La dupe est bonne.

SCENE X.
SGANARELLE *seul.*

IL me fait grand pitié
Ce pauvre malheureux tout rempli d'amitié ;
Mais c'est un mal pour lui de s'être mis en tête
De vouloir prendre un fort qui se voit ma conquête.
(*Sganarelle heurte à sa porte.*)

SCENE XI.

SCENE XI.
SGANARELLE, ISABELLE.
SGANARELLE.

JAmais amant n'a fait tant de trouble éclater
Au poulet renvoyé sans le décacheter :
Il perd toute espérance enfin, & se retire ;
Mais il m'a tendrement conjuré de te dire :
Que du moins en t'aimant, il n'a jamais pensé
A rien dont ton honneur ait lieu d'être offensé,
Et que, ne dépendant que du choix de son ame,
Tous ses desirs étoient de t'obtenir pour femme,
Si les destins, en moi qui captive ton cœur,
N'opposoient un obstacle à cette juste ardeur ;
Que, quoi qu'on puisse faire, il ne te faut pas croire
Que jamais tes appas sortent de sa mémoire ;
Que, quelque arrêt des cieux qu'il lui faille subir,
Son sort est de t'aimer jusqu'au dernier soupir ;
Et que, si quelque chose étouffe sa poursuite,
C'est le juste respect qu'il a pour mon mérite.
Ce sont ses propres mots ; &, loin de le blâmer,
Je le trouve honnête homme, & le plains de t'aimer.

ISABELLE bas.
Ses feux ne trompent point ma secrette croyance,
Et toujours ses regards m'en ont dit l'innocence.

SGANARELLE.
Que dis-tu ?

ISABELLE.
Qu'il m'est dur que vous plaigniez si fort
Un homme que je hais à l'égal de la mort,
Et que, si vous m'aimiez autant que vous le dites,
Vous sentiriez l'affront que me font ses poursuites.

SGANARELLE.
Mais il ne sçavoit pas tes inclinations ;

Tome II.   G

Et, par l'honnêteté de ses intentions,
Son amour ne mérite...
ISABELLE.
Est-ce les avoir bonnes,
Dites-moi, de vouloir enlever les personnes ?
Est-ce être homme d'honneur de former des desseins
Pour m'épouser de force, en m'ôtant de vos mains ?
Comme si j'étois fille à supporter la vie
Après qu'on m'auroit fait une telle infamie.
SGANARELLE.
Comment ?
ISABELLLE.
Oui, oui, j'ai sçu que ce traître d'amant
Parle de m'obtenir par un enlevement ;
Et j'ignore pour moi les pratiques secrettes
Qui l'ont instruit si-tôt du dessein que vous faites
De me donner la main dans huit jours au plus tard,
Puisque ce n'est que d'hier que vous m'en fîtes part :
Mais il veut prévenir, dit-on, cette journée
Qui doit à votre sort unir ma destinée.
SGANARELLE.
Voilà qui ne vaut rien.
ISABELLE.
Oh, que pardonnez-moi !
C'est un fort honnête-homme, & qui ne sent pour
  moi...
SGANARELLE.
Il a tort, & ceci passe la raillerie.
ISABELLE.
Allez, votre douceur entretient sa folie :
S'il vous eût vu tantôt lui parler vertement,
Il craindroit vos transports & mon ressentiment ;
Car c'est encor depuis sa lettre méprisée,
Qu'il a dit ce dessein qui m'a scandalisée ;
Et son amour conserve ainsi que je l'ai sçu,
La croyance qu'il est dans mon cœur bien reçu ;
Que je fuis votre hymen, quoique le monde en
  croie,

COMEDIE.

Et me verrois tirer de vos mains avec joie.
SGANARELLE.
Il est fou.
ISABELLE.
Devant vous il sait se déguiser,
Et son intention est de vous amuser.
Croyez par ces beaux mots que le traître vous joue.
Je suis bien malheureuse, il faut que je l'avoue,
Qu'avecque tous mes soins pour vivre dans l'honneur,
Et rebuter les vœux d'un lâche suborneur,
Il faille être exposée aux fâcheuses surprises
De voir faire sur moi d'infames entreprises.
SGANARELLE.
Va, ne redoute rien.
ISABELLE.
Pour moi, je vous le di,
Si vous n'éclatez fort contre un trait si hardi,
Et ne trouvez bientôt moyen de me défaire
Des persécutions d'un pareil téméraire,
J'abandonnerai tout, & renonce à l'ennui
De souffrir les affronts que je reçois de lui.
SGANARELLE.
Ne t'afflige point tant ; va, ma petite femme,
Je m'en vais le trouver, & lui chanter sa gamme.
ISABELLE.
Dites-lui bien au moins qu'il le nieroit en vain,
Que c'est de bonne part qu'on m'a dit son dessein ;
Et qu'après cet avis, quoi qu'il puisse entreprendre,
J'ose le défier de me pouvoir surprendre ;
Enfin, que, sans plus perdre & soupirs & momens,
Il doit sçavoir pour vous quels sont mes sentimens ;
Et que, si d'un malheur il ne veut être cause,
Il ne se fasse pas deux fois dire une chose.
SGANARELLE.
Je dirai ce qu'il faut.
ISABELLE.
Mais tout cela d'un ton
Qui marque que mon cœur lui parle tout de bon.

148 L'ÉCOLE DES MARIS,

SGANARELLE.

Va, je n'oublierai rien, je t'en donne assurance.

ISABELLE.

J'attends votre retour avec impatience ;
Hâtez-le, s'il vous plaît, de tout votre pouvoir.
Je languis quand je suis un moment sans vous voir.

SGANARELLE.

Va, pouponne, mon cœur, je reviens tout à l'heure.

SCENE XII.

SGANARELLE *seul*.

Est-il une personne, & plus sage & meilleure ?
Ah ! que je suis heureux, & que j'ai de plaisir
De trouver une femme au gré de mon desir !
Oui, voilà comme il faut que les femmes soient
    faites ;
Et non, comme j'en sçais, de ces franches coquettes
Qui s'en laissent conter, & font dans tout Paris
Montrer au bout du doigt leurs honnêtes maris.
    (*Il frappe à la porte de Valere.*)
Holà, notre galant aux belles entreprises.

SCENE XIII.

VALERE, SGANARELLE, ERASTE.

VALERE.

Monsieur, qui vous ramene en ce lieu ?

SGANARELLE.

Vos sottises.

COMEDIE.
VALERE.
Comment ?
SGANARELLE.
Vous ſçavez bien de quoi je veux parler.
Je vous croyois plus ſage, à ne vous rien celer.
Vous venez m'amuſer de vos belles paroles,
Et conſervez ſous-main des eſpérances folles.
Voyez-vous, j'ai voulu doucement vous traiter ;
Mais vous m'obligerez à la fin d'éclater.
N'avez-vous point de honte, étant ce que vous êtes,
De faire en votre eſprit les projets que vous faites ?
De prétendre enlever une fille d'honneur,
Et troubler un hymen qui fait tout ſon bonheur ?
VALERE.
Qui vous a dit, Monſieur, cette étrange nouvelle ?
SGANARELLE.
Ne diſſimulons point, je la tiens d'Iſabelle,
Qui vous mande par moi, pour la derniere fois,
Qu'elle vous a fait voir aſſez quel eſt ſon choix,
Que ſon cœur, tout à moi, d'un tel projet s'offenſe,
Qu'elle mourroit plutôt qu'en ſouffrir l'inſolence ;
Et que vous cauſerez de terribles éclats,
Si vous ne mettez fin à tout cet embarras.
VALERE.
S'il eſt vrai qu'elle ait dit ce que je viens d'entendre,
J'avouerai que mes feux n'ont plus rien à prétendre
Par ces mots aſſez clairs je vois tout terminé,
Et je dois révérer l'arrêt qu'elle a donné.
SGANARELLE.
Si vous en doutez donc, & prenez pour des feintes
Tout ce que de ſa part je vous ai fait de plaintes ?
Voulez-vous qu'elle-même elle explique ſon cœur ?
J'y conſens volontiers pour vous tirer d'erreur.
Suivez-moi, vous verrez s'il eſt rien que j'avance,
Et ſi ſon jeune cœur entre nous deux balance.

(*Il va frapper à ſa porte.*)

SCENE XIV.

ISABELLE, SGANARELLE, VALERE, ERGASTE.

ISABELLE.

Quoi ? vous me l'amenez ? Quel est votre dessein ?
Prenez-vous contre moi ses intérêts en main ?
Et voulez-vous, charmé de ses rares mérites,
M'obliger à l'aimer, & souffrir ses visites ?

SGANARELLE.

Non, ma mie, & ton cœur pour cela m'est trop cher :
Mais il prend mes avis pour des contes en l'air,
Croit que c'est moi qui parle, & te fais par adresse,
Pleine pour lui de haine, & pour moi de tendresse ;
Et par toi-même enfin j'ai voulu, sans retour,
Le tirer d'un erreur qui nourrit son amour.

ISABELLE à Valere.

Quoi ? Mon ame à vos yeux ne se montre pas toute,
Et de mes vœux encor vous pouvez être en doute ?

VALERE.

Oui, tout ce que Monsieur de votre part m'a dit,
Madame, a bien pouvoir de surprendre un esprit :
J'ai douté, je l'avoue, & cet arrêt suprême
Qui décide du sort de mon amour extrême,
Doit m'être assez touchant, pour ne pas s'offenser
Que mon cœur par deux fois le fasse prononcer.

ISABELLE.

Non, non, un tel arrêt ne doit pas vous surprendre,
Ce sont mes sentimens qu'il vous a fait entendre,
Et je les tiens fondés sur assez d'équité,
Pour en faire éclater toute la vérité.
Oui, je veux bien qu'on sçache, & j'en dois être crue,

COMEDIE.

Que le sort offre ici deux objets à ma vue,
Qui, m'inspirant pour eux différens sentimens,
De mon cœur agité font tous les mouvemens.
L'un, par un juste choix où l'honneur m'intéresse,
A toute mon estime & toute ma tendresse,
Et l'autre, pour le prix de son affection,
A toute ma colere & mon aversion.
La presence de l'un m'est agréable & chere,
J'en reçois dans mon ame une allégresse entiere;
Et l'autre, par sa vue, inspire dans mon cœur
De secrets mouvemens & de haine & d'horreur.
Me voir femme de l'un est toute mon envie;
Et plutôt qu'être à l'autre, on m'ôteroit la vie.
Mais c'est assez montrer mes justes sentimens,
Et trop long-tems languir dans ces rudes tourmens;
Il faut que ce que j'aime, usant de diligence,
Fasse à ce que je hais perdre toute espérance,
Et qu'un heureux hymen affranchisse mon sort
D'un supplice pour moi plus affreux que la mort.

SGANARELLE.
Oui, mignonne, je songe à remplir ton attente.

ISABELLE.
C'est l'unique moyen de me rendre contente.

SGANARELLE.
Tu le seras dans peu.

ISABELLE.
Je sçais qu'il est honteux
Aux filles, d'expliquer si librement leurs vœux.

SGANARELLE.
Point, point.

ISABELLE.
Mais en l'état où sont mes destinées,
De telles libertés doivent m'être données,
Et je puis, sans rougir, faire un aveu si doux
A celui que déjà je regarde en époux.

SGANARELLE.
Oui, ma pauvre fanfan, pouponne de mon ame.

L'ÉCOLE DES MARIS,

ISABELLE.
Qu'il songe donc, de grace, à me prouver sa flamme.

SGANARELLE.
Oui, tien, baise ma main.

ISABELLE.
Que sans plus de soupirs
Il conclue un hymen qui fait tous mes desirs,
Et reçoive en ce lieu la foi que je lui donne
De n'écouter jamais les vœux d'autre personne.
(*Elle fait semblant d'embrasser Sganarelle, & donne sa main à baiser à Valere.*)

SGANARELLE.
Hai, hai, mon petit nez, pauvre petit bouchon,
Tu ne languiras pas long-tems, je t'en répond,
Va, chut.

(*à Valere.*)
Vous le voyez je ne lui fais pas dire,
Ce n'est qu'après moi seul que son ame respire.

VALERE.
Hé bien, Madame, hé bien, c'est s'expliquer assez,
Je vois par ce discours de quoi vous me pressez,
Et je sçaurai dans peu vous ôter la presence
De celui qui vous fait si grande violence.

ISABELLE.
Vous ne me sçauriez faire un plus charmant plaisir;
Car enfin cette vue est facheuse à souffrir,
Elle m'est odieuse, & l'horreur est si forte....

SGANARELLE.
Hé, hé?

ISABELLE.
Vous offensai-je en parlant de la sorte?
Fais-je....

SGANARELLE.
Mon Dieu, nenni, je ne dis pas cela,
Mais je plains, sans mentir, l'état où le voilà,
Et c'est trop hautement que ta haine se montre.

COMEDIE.

ISABELLE.

Je n'en puis trop montrer en pareille rencontre.

VALERE.

Oui, vous ſerez contente, & dans trois jours vos yeux
Ne verront plus l'objet qui vous eſt odieux.

ISABELLE.

A la bonne heure. Adieu.

SGANARELLE *à Valere.*

Je plains votre infortune:
Mais.....

VALERE.

Non, vous n'entendrez de mon cœur plainte
aucune;
Madame aſſurément rend juſtice à tous deux,
Et je vais travailler à contenter ſes vœux.
Adieu.

SGANARELLE.

Pauvre garçon! ſa douleur eſt extrême;
Venez, embraſſez-moi, c'eſt une autre elle-même.
(*Il embraſſe Valere.*)

SCENE XV.

ISABELLE, SGANARELLE.

SGANARELLE.

JE le tiens fort à plaindre.

ISABELLE.

Allez, il ne l'eſt point.

SGANARELLE.

Au reſte, ton amour me touche au dernier point,
Mignonnette, & je veux qu'il ait ſa récompenſe.
C'eſt trop que de huit jours pour ton impatience,
Dès demain je t'épouſe, & n'y veux appeller.....

ISABELLE.

Dès demain?

SGANARELLE.
Par pudeur tu feins d'y reculer ;
Mais je sçais bien la joie où ce discours te jette,
Et tu voudrois déjà que la chose fût faite.

ISABELLE.
Mais....

SGANARELLE.
Pour ce mariage allons tout préparer.

ISABELLE à part.
O ciel ! inspirez-moi ce qui peut le parer.

Fin du second Acte.

COMEDIE.

ACTE III.

SCENE PREMIERE.

ISABELLE *seule*.

Ui, le trépas cent fois me semble moins à craindre
Que cet hymen fatal où l'on veut me contraindre;
Et tout ce que je fais pour en fuir les rigueurs,
Doit trouver quelque grace auprès de mes censeurs.
Le tems presse, il fait nuit, allons, sans crainte aucune,
A la foi d'un amant commettre ma fortune.

SCENE II.

SGANARELLE, ISABELLE.

SGANARELLE *parlant à ceux qui sont dans sa Maison*.

JE reviens, & l'on va pour demain de ma part...

ISABELLE.

O ciel !

SGANARELLE.

C'est toi, mignonne ? où vas-tu donc si tard?
Tu disois qu'en ta chambre, étant un peu lassée,
Tu t'allois renfermer, lorsque je t'ai laissée ;
Et tu m'avois prié même, que mon retour
T'y souffrit en repos jusqu'à demain au jour.

ISABELLE.
Il est vrai ; mais....
SGANARELLE.
Hé, quoi ?
ISABELLE.
Vous me voyez confuse,
Et je ne sçai comment vous en dire l'excuse.
SGANARELLE.
Quoi donc ! Que pourroit-ce être ?
ISABELLE.
Un secret surprenant.
C'est ma sœur qui m'oblige à sortir maintenant ;
Et qui, pour un dessein dont je l'ai fort blâmée,
M'a demandé ma chambre où je l'ai renfermée.
SGANARELLE.
Comment ?
ISABELLE.
L'eût-on pu croire ? Elle aime cet amant
Que nous avons banni.
SGANARELLE.
Valere ?
ISABELLE.
Eperduement.
C'est un transport si grand, qu'il n'en est point de même ;
Et vous pouvez juger de sa puissance extrême,
Puisque, seule, à cette heure, elle est venue ici
Mé découvrir à moi son amoureux souci,
Me dire absolument qu'elle perdra la vie
Si son ame n'obtient l'effet de son envie,
Que depuis plus d'un an d'assez vives ardeurs
Dans un secret commerce entretenoient leurs cœurs,
Et que même ils s'étoient, leur flamme étant nouvelle,
Donné de s'épouser une foi mutuelle.
SGANARELLE.
La vilaine !

ISABELLE.
                    Qu'ayant appris le désespoir
Où j'ai précipité celui qu'elle aime à voir,
Elle vient me prier de souffrir que sa flamme
Puisse rompre un départ qui lui perceroit l'ame,
Entretenir ce soir cet amant sous mon nom
Par la petite rue où ma chambre répond ;
Lui peindre d'une voix qui contrefait la mienne,
Quelques doux sentimens dont l'appas le retienne,
Et ménager, enfin, pour elle adroitement
Ce que pour moi l'on sçait qu'il a d'attachement.
SGANARELLE.
Et tu trouves cela....
ISABELLE.
                    Moi ? j'en suis courroucée.
Quoi, ma sœur, ai-je dit, êtes-vous insensée ?
Ne rougissez-vous point d'avoir pris tant d'amour
Pour ces sortes de gens qui changent chaque jour ?
D'oublier votre sexe, & rompre l'espérance
D'un homme dont le ciel vous donnoit l'alliance ?
SGANARELLE.
Il le mérite bien, & j'en suis fort ravi.
ISABELLE.
Enfin, de cent raisons mon dépit s'est servi
Pour lui bien reprocher des bassesses si grandes,
Et pouvoir cette nuit rejetter ses demandes :
Mais elle m'a fait voir de si pressans desirs,
A tant versé de pleurs, tant poussé de soupirs,
Tant dit qu'au désepoir je porterois son ame,
Si je lui refusois ce qu'exige sa flamme,
Qu'à céder, malgré moi, mon cœur s'est vu réduit.
Et, pour justifier cette intrigue de nuit,
Où me faisoit du sang relâcher la tendresse,
J'allois faire avec moi venir coucher Lucrece,
Dont vous me vantez tant les vertus chaque jour ;
Mais vous m'avez surprise avec ce prompt retour.
SGANARELLE.
Non, non, je ne veux point chez moi tout ce mystere.

J'y pourrois confentir à l'égard de mon frere;
Mais on peut être vu de quelqu'un de dehors,
Et celle que je dois honorer de mon corps,
Non-feulement doit être & pudique & bien née,
Il ne faut pas que même elle foit foupçonnée.
Allons chaffer l'infame, & de fa paffion....

ISABELLE.

Ah! vous lui donneriez trop de confufion,
Et c'eft avec raifon qu'elle pourroit fe plaindre
Du peu de retenue où j'ai fu me contraindre;
Puifque de fon deffein je dois me départir,
Attendez que du moins je la faffe fortir.

SGANARELLE.

Hé bien, fais.

ISABELLE.

   Mais furtout cachez-vous, je vous prie,
Et fans lui dire rien, daignez voir fa fortie.

SGANARELLE.

Oui, pour l'amour de toi je retiens mes tranfports;
Mais, dès le même inftant qu'elle fera dehors,
Je veux, fans différer, aller trouver mon frere:
J'aurai joie à courir lui dire cette affaire.

ISABELLE.

Je vous conjure donc de ne me point nommer.
Bon foir; car tout d'un tems je vais me renfermer.

SGANARELLE.
(feul.)

Jufqu'à demain, ma mie. En quelle impatience
Suis-je de voir mon frere, & lui conter fa chance!
Il en tient le bon homme, avec tout fon phébus,
Et je n'en voudrois pas tenir cent bons écus.

ISABELLE *dans fa maifon.*

Oui, de vos déplaifirs l'atteinte m'eft fenfible;
Mais ce que vous voulez, ma fœur, m'eft impoffible;
Mon honneur qui m'eft cher y court trop de hafard;

COMEDIE.

Adieu, retirez-vous avant qu'il soit plus tard.
SGANARELLE.
La voilà qui, je crois, peste de belle sorte :
De peur qu'elle revînt, fermons à clef la porte.
ISABELLE *en entrant.*
O ciel ! dans mes desseins ne m'abandonnez pas.
SGANARELLE *à part.*
Où pourra-t-elle aller ? Suivons un peu ses pas.
ISABELLE *à part.*
Dans mon trouble, du moins, la nuit me favorise.
SGANARELLE *à part.*
Au logis du galant ! Quelle est son entreprise ?

SCENE III.
VALERE, ISABELLE, SGANARELLE.
VALERE *sortant brusquement.*

Oui, oui, je veux tenter quelque effort cette nuit
Pour parler... Qui va là ?
ISABELLE *à Valere.*
                    Ne faites point de bruit,
Valere, on vous prévient, & je suis Isabelle.
SGANARELLE.
Vous en avez menti, chienne, ce n'est pas elle.
De l'honneur que tu fuis elle suit trop les loix,
Et tu prends faussement & son nom & sa voix.
ISABELLE *à Valere.*
Mais à moins de vous voir par un saint hymenée...
VALERE.
Oui, c'est l'unique but où tend ma destinée ;
Et je vous donne ici ma foi, que dès demain
Je vais où vous voudrez recevoir votre main.
SGANARELLE *à part.*
Pauvre sot, qui s'abuse.

VALERE.
                    Entrez en assurance:
De votre argus dupé je brave la puissance,
Et devant qu'il vous pût ôter à mon ardeur,
Mon bras de mille coups lui perceroit le cœur.

SCENE IV.

SGANARELLE *seul*.

AH! je te promets bien que je n'ai pas envie
De te l'ôter, l'infame à tes feux asservie;
Que du don de ta foi je ne suis point jaloux,
Et que, si j'en suis cru, tu seras son époux.
Oui, faisons-le surprendre avec cette effrontée:
La mémoire du pere, à bon droit respectée,
Joint au grand intérêt que je prends à la sœur,
Veut que du moins l'on tâche à lui rendre l'honneur.
Holà.
(*Il frappe à la porte d'un Commissaire.*)

SCENE V.

SGANARELLE, UN COMMISSAIRE, UN NOTAIRE, UN LAQUAIS *avec un flambeau*.

LE COMMISSAIRE.

Qu'est-ce?
SGANARELLE.
            Salut. Monsieur le Commissaire,
Votre présence en robe est ici nécessaire;
Suivez-moi, s'il vous plaît avec votre clarté,

COMEDIE.

LE COMMISSAIRE.

Nous sortions....

SGANARELLE.

Il s'agit d'un fait assez hâté.

LE COMMISSAIRE.

Quoi ?

SGANARELLE.

D'aller là-dedans, & d'y surprendre ensemble
Deux personnes qu'il faut qu'un bon hymen assemble ;
C'est une fille à nous, que, sous un don de foi,
Un Valere a séduite, & fait entrer chez soi ;
Elle sort de famille & noble. & vertueuse,
Mais....

LE COMMISSAIRE.

Si c'est pour cela, la rencontre est heureuse,
Puisqu'ici nous avons un Notaire.

SGANARELLE.

Monsieur ?

LE NOTAIRE.

Oui, Notaire royal.

LE COMMISSAIRE.

De plus, homme d'honneur.

SGANARELLE.

Cela s'en va sans dire. Entrez dans cette porte,
Et sans bruit ayez l'œil que personne n'en sorte :
Vous serez pleinement contenté de vos soins ;
Mais ne vous laissez pas graisser la patte au moins.

LE COMMISSAIRE.

Comment ? Vous croyez donc qu'un homme de justice....

SGANARELLE.

Ce que j'en dis, n'est pas pour taxer votre office.
Je vais faire venir mon frere promptement,
Faites que le flambeau m'éclaire seulement.

(à part.)

Je vais le réjouir, cette homme sans colere.
Holà.

(Il frappe à la porte d'Ariste.)

SCENE VI.
ARISTE, SGANARELLE.
ARISTE.

Qui frappe ? Ah, ah ! que voulez vous,
vous, mon frere ?
SGANARELLE.
Venez, beau directeur, suranné damoiseau,
On veut vous faire voir quelque chose de beau.
ARISTE.
Comment ?
SGANARELLE.
Je vous apporte une bonne nouvelle.
ARISTE.
Quoi ?
SGANARELLE.
Votre Léonor, où, je vous prie, est-elle ?
ARISTE.
Pourquoi cette demande ? Elle est, comme je croi,
Au bal chez son amie.
SGANARELLE.
Hé, oui, oui, suivez-moi,
Vous verrez à quel bal la donzelle est allée.
ARISTE.
Que voulez-vous conter ?
SGANARELLE.
Vous l'avez bien stylée.
Il n'est pas bon de vivre en sévere censeur,
On gagne les esprits par beaucoup de douceur,
Et les soins défians, les verroux & les grilles,
Ne font pas la vertu des femmes ni des filles :
Nous les portons au mal par tant d'austérité,
Et leur sexe demande un peu de liberté.
Vraiment elle en a pris tout son saoul, la rusée,

COMEDIE. 163

Et la vertu chez elle est fort humanisée.
ARISTE.
Où veut donc aboutir un pareil entretien ?
SGANARELLE.
Allez, mon frere aîné, cela vous sied fort bien ;
Et je ne voudrois pas pour vingt bonnes pistoles,
Que vous n'eussiez ce fruit de vos maximes folles :
On voit ce qu'en deux sœurs nos leçons ont produit,
L'une fuit les galans, & l'autre les poursuit.
ARISTE.
Si vous ne me rendez cette énigme plus claire....
SGANARELLE.
L'énigme est que son bal est chez Monsieur Valere,
Que de nuit je l'ai vue y conduire ses pas,
Et qu'à l'heure presente elle est entre ses bras.
ARISTE.
Qui ?
SGANARELLE.
Léonor.
ARISTE.
Cessons de railler, je vous prie.
SGANARELLE.
Je raille. Il est fort bon avec sa raillerie.
Pauvre esprit ! je vous dis, & vous redis encore
Que Valere chez lui tient votre Léonor,
Et qu'ils s'étoient promis une foi mutuelle
Avant qu'il eût songé de poursuivre Isabelle.
ARISTE.
Ce discours d'apparence est si fort dépourvu...
SGANARELLE.
Il ne le croira pas encore en l'ayant vu :
J'enrage. Par ma foi, l'âge ne sert de guere
Quand on n'a pas cela.
(*il met le doigt sur son front.*)
ARISTE.
Quoi ! voulez-vous, mon frere.
SGANARELLE.
Mon Dieu, je ne veux rien. Suivez-moi seulement;

Votre esprit tout à l'heure aura contentement ;
Vous verrez si j'impose, & si leur foi donnée
N'avoit pas joint leurs cœurs depuis plus d'une année.
ARISTE.
L'apparence qu'ainsi, sans m'en faire avertir,
A cet engagement elle eût pu consentir ?
Moi, qui dans toute chose ai depuis son enfance,
Montré toujours pour elle entiere complaisance ;
Et qui cent fois ai fait des protestations
De ne jamais gêner ses inclinations.
SGANARELLE.
Enfin vos propres yeux jugeront de l'affaire.
J'ai fait venir déjà Commissaire & Notaire ;
Nous avons intérêt que l'hymen prétendu
Répare sur le champ l'honneur qu'elle a perdu :
Car je ne pense pas que vous soyez si lâche
De vouloir l'épouser avecque cette tache ;
Si vous n'avez encor quelques raisonnemens
Pour vous mettre au-dessus de tous les bernemens.
ARISTE.
Moi ? je n'aurai jamais cette foiblesse extrême
De vouloir posséder un cœur malgré lui-même.
Mais je ne sçaurois croire enfin...
SGANARELLE.
                            Que de discours !
Allons, ce procès-là continueroit toujours.

SCENE VII.
UN COMMISSAIRE, UN NOTAIRE, SGANARELLE, ARISTE.

LE COMMISSAIRE.
IL ne faut mettre ici nulle force en usage,
Messieurs, & si vos vœux ne vont qu'au mariage,
Vos transports en ce lieu se peuvent appaiser ;

COMÉDIE.

Tous deux également tendent à s'épouser,
Et Valere déjà, sur ce qui vous regarde,
A signé que pour femme il tient celle qu'il garde.
ARISTE.
La fille....
LE COMMISSAIRE.
Est renfermée, & ne veut point sortir
Que vos desirs aux leurs ne veuillent consentir.

SCENE VIII.
VALERE, UN COMMISSAIRE, UN NOTAIRE, SGANARELLE, ARISTE.

VALERE à la fenêtre de sa maison.

Non, Messieurs, & personne ici n'aura l'entrée
Que cette volonté ne m'ait été montrée
Vous sçavez qui je suis, & j'ai fait mon devoir
En vous signant l'aveu qu'on peut vous faire voir.
Si c'est votre dessein d'approuver l'alliance,
Votre main peut aussi m'en signer l'assurance,
Sinon, faites état de m'arracher le jour
Plutôt que de m'ôter l'objet de mon amour.
SGANARELLE.
Non, nous ne songeons pas à vous séparer d'elle.
(bas à part.)
Il ne s'est point encore détrompé d'Isabelle :
Profitons de l'erreur.
ARISTE *à Valere.*
Mais est-ce Léonor ?
SGANARELLE *à Ariste.*
Taisez-vous.
ARISTE.
Mais....
SGANARELLE.
Paix donc.

ARISTE.
Je veux sçavoir...
SGANARELLE.
Encor;
Vous tairez-vous, vous dis-je?
VALERE.
Enfin, quoiqu'il avienne;
Isabelle a ma foi, j'ai de même la sienne,
Et ne suis point un choix à tout examiner,
Que vous soyez reçus à faire condamner.
ARISTE *à Sganarelle.*
Ce qu'il dit là n'est pas...
SGANARELLE.
Taisez-vous, & pour cause?
(*à Valere.*)
Vous sçaurez le secret. Oui, sans dire autre chose,
Nous consentons tous deux que vous soyez l'époux
De celle qu'à present on trouvera chez vous.
LE COMMISSAIRE.
C'est dans ces termes-là que la chose est conçue,
Et le nom est en blanc pour ne l'avoir point vue.
Signez. La fille après vous mettra tous d'accord.
VALERE.
J'y consens de la sorte.
SGANARELLE.
Et moi, je le veux fort.
(*à part.*)   (*haut.*)
Nous rirons bien tantôt. Là, signez donc, mon frere;
L'honneur vous appartient.
ARISTE.
Mais quoi, tout ce mystere...
SGANARELLE.
Diantre, que de façons! signez, pauvre butor.
ARISTE.
Il parle d'Isabelle, & vous de Léonor.
SGANARELLE.
N'êtes-vous pas d'accord, mon frere, si c'est-elle?

COMEDIE. 167

De les laisser tous deux à leur foi mutuelle?
ARISTE.
Sans doute.
SGANARELLE.
Signez donc; j'en fais de même aussi.
ARISTE.
Soit. Je n'y comprends rien.
SGANARELLE.
Vous serez éclairci.
LE COMMISSAIRE.
Nous allons revenir.
SGANARELLE à Ariste.
Or, çà, je vais vous dire
La fin de cette intrigue.
(Ils se retirent dans le fond du théatre.)

SCENE IX.
LEONOR, SGANARELLE, ARISTE, LISETTE.

LEONOR.

O L'étrange martyre!
Que tous ces jeunes fous me paroissent fâcheux!
Je me suis dérobée au bal pour l'amour d'eux.
LISETTE.
Chacun d'eux près de vous veut se rendre agréable.
LEONOR.
Et moi, je n'ai rien vu de plus insupportable,
Et je préférerois le plus simple entretien
A tous les contes bleus de ces diseurs de rien:
Ils croyent que tout cede à leur perruque blonde,
Et pensent avoir dit le meilleur mot du monde,
Lorsqu'ils viennent, d'un ton de mauvais goguenard,
Vous railler sottement sur l'amour d'un vieillard:

Et moi, d'un tel viéllard je prise plus le zele ;
Que tous les beaux transports d'une jeune cervelle
Mais n'apperçois-je pas...

SGANARELLE à Ariste.

Oui, l'affaire est ainsi.
(appercevant Léonor.)
Ah ! je la vois paroître, & sa suivante aussi.

ARISTE.

Léonor, sans courroux, j'ai sujet de me plaindre.
Vous sçavez si jamais j'ai voulu vous contraindre,
Et si, plus de cent fois, je n'ai pas protesté
De laisser à vos vœux leur pleine liberté :
Cependant votre cœur, méprisant mon suffrage,
De foi comme d'amour, à mon insçu s'engage.
Je ne me repens pas de mon doux traitement,
Mais votre procédé me touche assurément,
Et c'est une action que n'a pas méritée
Cette tendre amitié que je vous ai portée.

LÉONOR.

Je ne sçais pas sur quoi vous tenez ce discours,
Mais croyez que je suis la même que toujours,
Que rien ne peut pour vous altérer mon estime,
Que toute autre amitié me paroîtroit un crime,
Et que, si vous voulez satisfaire mes vœux,
Un saint nœud dès demain nous unira tous deux.

ARISTE.

Dessus quel fondement venez-vous donc, mon frere....

SGANARELLE.

Quoi ! vous ne sortez pas du logis de Valere ?
Vous n'avez point conté vos amours aujourd'hui,
Et vous ne brûlez pas depuis un an pour lui ?

LÉONOR.

Qui vous a fait de moi de si belles peintures,
Et prend soin de forger de telles impostures :

COMEDIE.

SCENE DERNIERE.
ISABELLE, VALERE, LEONOR, ARISTE, SGANARELLE, UN COMMISAIRE, UN NOTAIRE, LISETTE, ERGASTE,

ISABELLE.

MA sœur, je vous demande un généreux pardon,
Si de mes libertés j'ai taché votre nom.
Le pressant embarras d'une surprise extrême
M'a tantôt inspiré ce honteux stratagême;
Votre exemple condamne un tel emportement;
Mais le sort nous traita tous deux diversement.
   (à Sganarelle.)
Pour vous, je ne veux point, Monsieur, vous faire excuse,
Je vous sers beaucoup plus que je ne vous abuse.
Le ciel, pour être joints, ne nous fit pas tous deux,
Je me suis reconnue indigne de vos feux,
Et j'ai bien mieux aimé me voir aux mains d'un autre,
Que ne pas mériter un cœur comme le vôtre.
  VALERE à Sganarelle.
Pour moi, je mets ma gloire & mon bien souverain
A la pouvoir, Monsieur, tenir de votre main.
   ARISTE.
Mon frere, doucement il faut boire la chose.
D'une telle action vos procédés sont cause,
Et je vois votre sort malheureux à ce point,
Que, vous sçachant dupé, l'on ne vous plaindra point.
   LISETTE.
Par ma foi, je lui sçais bon gré de cette affaire,

Et ce prix de ses soins est un trait exemplaire.
LEONOR.
Je ne sçais si ce trait se doit faire estimer,
Mais je sçais bien qu'au moins je ne le puis blâmer.
ERGASTE.
Au sort d'être cocu son ascendant l'expose,
Et, ne l'être qu'en herbe, est pour lui douce chose.
SGANARELLE *sortant de l'accablement dans lequel il étoit plongé.*
Non, je ne puis sortir de mon étonnement,
Cette ruse d'enfer confond mon jugement,
Et je ne pense pas que Satan en personne
Puisse être si méchant qu'une telle friponne.
J'aurois pour elle au feu mis la main que voilà ;
Malheureux qui se fie à femme après cela :
La meilleure est toujours en malice féconde,
C'est un sexe engendré pour damner tout le monde.
Je renonce à jamais à ce sexe trompeur,
Et je le donne tout au diable, de bon cœur.
ERGASTE.
Bon.
ARISTE.
Allons tous chez moi. Venez, Seigneur Valere,
Nous tâcherons demain d'appaiser sa colere.
LISETTE *au parterre.*
Vous, si vous connoissez des maris loup-garous :
Envoyez-les au moins à l'école chez nous.

FIN.

LES
FACHEUX,
COMEDIE-BALLET.

AU ROI.

SIRE,

J'ajoute une Scene à la Comédie, & c'est une espece de Fâcheux assez insupportable, qu'un homme qui dédie un Livre. VOTRE MAJESTÉ en sçait des nouvelles plus que personne de son Royaume, & ce n'est pas d'aujourd'hui qu'ELLE se voit en butte à la furie des Epîtres dédicatoires. Mais bien que je suive l'exemple des autres, & me mette moi-même au rang de ceux que j'ai joués, j'ose dire toutefois à VOTRE MAJESTÉ, que ce que j'en ai fait, n'est pas tant pour lui présenter un Livre, que pour avoir lieu de lui rendre graces du succès de cette Comédie. Je le dois, SIRE, ce succès qui a passé mon attente, non-seulement à cette glorieuse approbation dont VOTRE MAJESTÉ honora d'abord la Piece, & qui a entraîné si hautement celle de tout le monde ; mais encore à l'ordre qu'ELLE me donna d'y ajouter un caractere de Fâcheux, dont elle eut la bonté de m'ouvrir les idées ELLE-même, & qui a été trouvé par-tout, le plus beau morceau de l'Ouvrage. Il faut avouer, SIRE, que je n'ai jamais rien fait avec tant de facilité, ni si promptement que cet endroit où VOTRE MAJESTÉ me commanda de travailler. J'avois une joie à lui obéir, qui me valoit bien mieux qu'Apollon & toutes les Muses ; & je conçois parlà ce que je ferois capable d'exécuter pour une Comédie entiere, si j'étois inspiré par de pareils commandemens. Ceux qui sont nés en un rang élevé, peuvent se proposer l'honneur de servir VOTRE MAJESTÉ dans les grands emplois : mais pour moi, toute la gloire où je puis aspirer, c'est de la réjouir. Je borne là l'ambition de mes souhaits ; & je crois qu'en quelque façon ce n'est pas être inutile à la France, que de contribuer en quelque chose au divertissement de son Roi. Quand je n'y réussirai pas, ce ne sera jamais par un défaut de zèle ni d'étude, mais seulement par un mauvais destin qui suit assez souvent les meilleurs intentions, & qui sans doute affligeroit sensiblement.

SIRE,

DE VOTRE MAJESTÉ,

Le très-humble, très-obéïssant,
& très-fidèle serviteur,
MOLIERE.

AVERTISSEMENT.

JAmais entreprife au Théatre ne fut fi précipitée que celle-ci ; & c'eft une chofe , je crois, toute nouvelle, qu'une Comédie ait été conçue, faite, apprife & reprefentée en quinze jours. Je ne dis pas cela pour me piquer de *l'Impromptu* , & en prétendre de la gloire : mais feulement pour prévenir certaines gens qui pourroient trouver à redire que je n'ai pas mis ici toutes les efpeces de Fâcheux qui fe trouvent. Je fçais que le nombre en eft grand, & à la cour & dans la ville ; & que fans épifodes, j'euffe bien pu en compofer une Comédie de cinq Actes bien fournis, & avoir encore de la matiere de refte. Mais dans le peu de tems qui me fut donné , il m'étoit impoffible de faire un grand deffein, & de rêver beaucoup fur le choix de mes perfonnages, & fur la difpofition de mon fujet. Je me réduifis donc à ne toucher qu'un petit nombre d'importuns ; & je pris ceux qui s'offrirent d'abord à mon efprit, & que je crus les plus propres à réjouir les auguftes perfonnes devant qui j'avois à paroître ; & pour lier promptement toutes ces chofes enfemble, je me fervis du premier nœud que je pus trouver. Ce n'eft pas mon deffein d'examiner maintenant fi tout cela pouvoit être mieux , & fi tous ceux qui s'y font divertis ont ri felon les regles. Le tems viendra de faire imprimer mes remarques fur les Pieces que j'aurai faites, & je ne défefpere pas de faire voir un jour, en grand Auteur, que je puis citer Ariftote & Horace. En attendant cet examen, qui peut-être ne viendra point, je m'en remets affez aux décifions de la multitude, & je tiens auffi difficile de combattre un Ouvrage que le Public approuve, que d'en défendre un qu'il condamne.

Il n'y a perfonne qui ne fçache pour quelle réjouiffance la Piece fut compofée; & cette fête a fait un tel éclat, qu'il n'eft pas néceffaire d'en parler : mais il ne fera pas hors de propos de dire deux paroles des ornemens qu'on a mêlés avec la Comedie.

Le deffein étoit de donner un Ballet auffi ; & comme il n'y avoit qu'un petit nombre choifi de Danfeurs excellens, on fut contraint de féparer les entrées de ce Ballet, & l'avis fut de les jetter dans les entr'Actes de la Comédie, afin, que ces intervalles donnaffent tems aux mêmes baladins, de venir fous d'autres habits. De forte, que pour ne point rompre auffi le fil de la Piece par ces manieres d'intermédes, on s'avifa de les coudre au fujet du mieux que l'on put, & de ne faire qu'une feule chofe du Ballet & de la Comédie : mais comme le tems étoit fort précipité, & que tout cela ne fut pas réglé entiérement par une même tête, on trouvera peut-être quelques endroits du Ballet qui n'entrent pas dans la Comédie auffi naturellement que d'autres. Quoiqu'il en foit, c'eft un mélange qui eft nouveau pour nos Théatres & dont on pourroit chercher quelques autorités dans l'antiquité : & comme tout

AVERTISSEMENT.

le monde l'a trouvé agréable, il peut servir d'idée à d'autres choses, qui pourroient être méditées avec plus de loisir.

D'abord que la toile fut levée, un des Acteurs, comme vous pourriez dire, moi, parut sur le Théatre en habit de ville, & s'adressant au Roi avec le visage d'un homme surpris, fit des excuses en désordre de ce qu'il se trouvoit là seul, & manquoit de tems & d'Acteurs, pour donner à Sa Majesté le divertissement qu'elle sembloit attendre. En même-tems, au milieu de vingt jets d'eau naturels, s'ouvrir cette coquille que tout le monde a vue ; & l'agréable Nayade qui parut dedans s'avança au bord du Théatre, & d'un air héroïque, prononça les vers que M. Pélisson avoit faits, & qui servent de Prologue.

PROLOGUE.

Le Théatre repreſente un Jardin orné de Thermes & de pluſieurs Jets-d'eau.

UNE NAYADE *ſortant des eaux dans une Coquille.*

Pour voir en ces beaux lieux le plus grand Roi
 du monde,
Mortels, je viens à vous de ma grotte profonde.
Faut-il en ſa faveur, que la terre ou que l'eau
Produiſent à vos yeux un ſpectacle nouveau ?
Qu'il parle ou qu'il ſouhaite, il n'eſt rien d'impoſſi-
 ble.
Lui-même n'eſt-il pas un miracle viſible ?
Son regne ſi fertile en miracles divers,
N'en demande-t-il pas à tout cet univers ?
Jeune, victorieux, ſage, vaillant, auguſte,
Auſſi doux que ſévére, auſſi puiſſant que juſte,
Régler & ſes Etats & ſes propres deſirs ;
Joindre aux nobles travaux les plus nobles plaiſirs ;
En ſes juſtes projets jamais ne ſe méprendre ;
Agir inceſſamment, tout voir & tout entendre ;
Qui peut cela, peut tout : il n'a qu'à tout oſer,
Et le ciel à ſes vœux ne peut rien refuſer.
Ces termes marcherons, & ſi, Louis l'ordonne,
Ces arbres parleront mieux que ceux de Dodone.
Hôteſſes de leurs troncs, moindres divinités,
C'eſt Louis qui le veut, ſortez, Nymphes, ſortez,
Je vous montre l'exemple, il s'agit de lui plaire.
Quittez pour quelques tems votre forme ordinaire,
Et paroiſſons enſemble aux yeux des ſpectateurs,
Pour ce nouveau Théatre, autant de vrais Acteurs.

PROLOGUE.

Plusieurs Driades accompagnées de Faunes & de Satyres sortent des Arbres & des Thermes.

Vous, soin de ses sujets, sa plus charmante étude,
Héroïque souci, royale inquiétude,
Laissez-le respirer, & souffrez qu'un moment
Son grand cœur s'abandonne au divertissement :
Vous le Verrez demain, d'une force nouvelle,
Sous le fardeau pénible où votre voix l'appelle,
Faire obéir les loix, partager les bienfaits,
Par ses propres conseils prévenir nos souhaits,
Maintenir l'univers dans une paix profonde,
Et s'ôter le repos pour le donner au monde.
Qu'aujourd'hui tout lui plaise, & semble consentir
A l'unique dessein de le bien divertir.
Fâcheux retirez-vous ; ou s'il faut qu'il vous voie,
Que ce soit seulement pour exciter sa joie.

La Nayade emmene avec elle, pour la Comédie, une partie des gens qu'elle a fait paroître, pendant que le reste se met à danser au son des Haut-bois qui se joignent aux Violons.

ACTEURS DE LA COMEDIE.

DAMIS, Tuteur d'Orphise.
ORPHISE.
ERASTE, Amoureux d'Orphise.
ALCIDOR,
LISANDRE.
ALCANDRE.
ALCIPPE.
ORANTE.
CLIMENE. } Fâcheux.
DORANTE.
CARITIDES.
ORMIN.
FILINTE.
LA MONTAGNE, Valet d'Eraste.
L'EPINE, Valet de Damis.
LA RIVIERE, & deux autres Valets d'Eraste.

ACTEURS DU BALLET.

I. Acte. { JOUEURS DE MAIL,
CURIEUX.

II. Acte. { JOUEURS DE BOULE.
FRONDEURS.
SAVETIERS & SAVETIERES.
UN JARINIER.

III. Acte. { SUISSES.
QUATRE BERGERES.
UNE BERGERE.

La Scene est à Paris.

Tome. I.

LES FACHEUX.

LES FACHEUX
COMEDIE-BALLET.

ACTE PREMIER.

SCENE PREMIERE.
ERASTE, LA MONTAGNE.
ERASTE.

OUS quel astre, bon Dieu, faut-il que je sois né,
Pour être de fâcheux toujours assassiné !
Il semble que par-tout le sort me les adresse,
Et j'en vois chaque jour quelque nouvelle espece.
Mais il n'est rien d'égal au fâcheux d'aujourd'hui ;
J'ai cru n'être jamais débarrassé de lui,
Et cent fois j'ai maudit cette innocente envie
Qui m'a pris à dîné de voir la Comédie.

Où pensant m'égayer, j'ai misérablement
Trouvé de mes péchés le rude châtiment.
Il faut que je te fasse un recit de l'affaire,
Car je m'en sens encor tout ému de colere.
J'étois sur le Théatre en humeur d'écouter
La Piece, qu'à plusieurs j'avois oui vanter,
Les Acteurs commençoient, chacun prêtoit silence ;
Lorsque, d'un air bruyant & plein d'extravagance,
Un homme à grands canons est entré brusquement
En criant, holà-ho, un siege promptement,
Et de son grand fracas surprenant l'assemblée,
Dans le plus bel endroit à la Piece troublée.
Hé, mon Dieu, nos François, si souvent redressés ;
Ne prendront-ils jamais un air de gens sensés,
Ai-je dit, & faut-il, sur nos défauts extrêmes,
Qu'en théatre public nous nous jouyons nous-mêmes,
Et confirmions ainsi, par des éclats de fous,
Ce que chez nos voisins ont dit par-tout de nous ?
Tandis que là-dessus je haussois les épaules,
Les Acteurs ont voulu continuer leurs rôles ;
Mais l'homme pour s'asseoir a fait nouveaux fracas,
Et traversant encor le Théatre à grands pas,
Bien que dans les côtés il put être à son aise,
Au milieu du devant il a planté sa chaise,
Et, de son large dos morgant les spectateurs,
Aux trois quarts du parterre a caché les Acteurs.
Un bruit s'est élevé, dont un autre eut eu honte ;
Mais lui, ferme & constant, n'en a fait aucun compte,
Et se seroit tenu comme il s'étoit posé,
Si, pour mon infortune, il ne m'eût avisé.
Ah ! Marquis, m'a-t-il dit, prenant près de moi place,
Comment te portes-tu ? Souffre que je t'embrasse.
Au visage sur l'heure, un rouge m'est monté,
Que l'on me vît connu d'un pareil éventé.
Je l'étois peu pourtant ; mais on en voit paroître,
De ces gens qui de rien veulent fort vous connoître,
Dont il faut au salut les baisers essuyer,
Et qui sont familiers jusqu'à vous tutoyer.

Il m'a fait à l'abor cent questions frivoles.
Plus haut que les acteurs élevant ses paroles.
Chacun le maudissoit, & moi, pour l'arrêter,
Je serois, ai-je dit, bien aise d'écouter.
Tu n'as point vu ceci, Marquis ? Ah ! Dieu me damne,
Je le trouve assez drôle, & je n'y suis pas âne ;
Je sçais par quelles loix un ouvrage est parfait,
Et Corneille me vient lire tout ce qu'il fait.
Là dessus de la piece il m'a fait un sommaire,
Scene à Scene averti de ce qui s'alloit faire,
Er jusques à des vers qu'il en sçavoit par cœur,
Il me les recitoit tout haut avant l'acteur.
J'avois beau m'en défendre, il a poussé sa chance,
Et s'est devers la fin levé long-tems d'avance ;
Car les gens du bel air, pour agir galamment,
Se gardent bien, sur-tout, d'ouir le dénouement.
Je rendois grace au ciel, & croyois de justice
Qu'avec la Comédie eût fini mon supplice :
Mais, comme si c'en eût été trop bon marché,
Sur nouveaux frais mon homme à moi s'est attaché,
M'a conté ses exploits, ses vertus non communes,
Parlé de ses chevaux, de ses bonnes fortunes,
Et de ce qu'à la Cour il avoit de faveur,
Disant, qu'à m'y servir il s'offroit de grand cœur.
Je le remerciois doucement de la tête,
Minutant à tout coups quelque retraite honnête ;
Mais lui, pour le quitter me voyant ébranlé,
Sortons, ce m'a-t-il dit, le monde est écoulé :
Et sortis de ce lieu, me la donnant plus seche,
Marquis, allons au cours faire voir ma caleche,
Elle est bien entendue & plus d'un Duc & Pair
En fait à mon faiseur faire une du même air.
Moi de lui rendre grace, & pour mieux m'en défendre.
De dire que j'avois certain repas à rendre.
Ah, parbleu, j'en veux être, étant de tes amis,
Et manque au Maréchal à qui j'avois promis.

De la chere, ai-je dit, la doſe eſt un peu forte
Pour oſer y prier des gens de votre ſorte.
Non, m'a-t-il répondu, je ſuis ſans compliment,
Et j'y vais pour cauſer avec toi ſeulement ;
Je ſuis de grands repas fatigué, je te jure :
Mais ſi l'on vous attend, ai-je dit, c'eſt injure.
Tu te moques, Marquis, nous nous connoiſſons tous ;
Et je trouve avec toi des paſſe-tems plus doux.
Je peſtois contre moi, l'ame triſte & confuſe
Du funeſte ſuccès qu'avoit eu mon excuſe,
Et ne ſçavois à quoi je devois recourir,
Pour ſortir d'une peine à me faire mourir ;
Lorſqu'un carroſſe fait de ſuperbe maniere,
Et comblé de laquais & devant & derriere,
S'eſt avec un grand bruit devant nous arrêté ;
D'où ſautant un jeune homme amplement ajuſté,
Mon importun & lui courant à l'embraſſade,
Ont ſurpris les paſſans de leur bruſque incartade ;
Et tandis que tous deux étoient précipités
Dans les convulſions de leur civilités,
Je me ſuis doucement eſquivé ſans rien dire :
Non ſans avoir long-tems gémi d'un tel martyre,
Et maudit le fâcheux, dont le zèle obſtiné
M'ôtoit au rendez-vous qui m'eſt ici donné.

LA MONTAGNE.

Ce ſont chagrins mêlés aux plaiſirs de la vie.
Tout ne va pas, Monſieur, au gré de notre envie,
Le ciel veut qu'ici bas chacun ait ſes fâcheux,
Et les hommes ſeroient ſans cela trop heureux.

ERASTE.

Mais de tous mes fâcheux, le plus fâcheux encore
C'eſt Damis, le tuteur de celle que j'adore,
Qui rompt ce qu'à mes vœux elle donne d'eſpoir,
Et malgré ſes bontés lui défend de me voir.
Je crains d'avoir déjà paſſé l'heure promiſe,
Et c'eſt dans cette allée que devoir être Orphiſe...

COMEDIE.

LA MONTAGNE.

L'heure d'un rendez-vous d'ordinaire s'étend,
Et n'est pas resserrée aux bornes d'un instant.

ERASTE.

Il est vrai ; mais je tremble, & mon amour extrême
D'un rien se fait un crime envers celle que j'aime.

LA MONTAGNE.

Si ce parfait amour, que vous pouvez si bien,
Se fait vers votre objet un grand crime de rien,
Ce que son cœur pour vous sent de feux légitimes,
En revanche, lui fait un rien de tous vos crimes.

ERASTE.

Mais, tout de bon, crois-tu que je sois d'elle aimé ?

LA MONTAGNE.

Quoi ! vous doutez encor d'un amour confirmé ?

ERASTE.

Ah, c'est mal-aisément qu'en pareille matiere,
Un cœur bien enflammé prend assurance entiere.
Il craint de se flatter, &, dans ses divers soins,
Ce que plus il souhaite, est ce qu'il croit le moins :
Mais songeons à trouver une beauté si rare.

LA MONTAGNE.

Monsieur, votre rabat par devant se sépare.

ERASTE.

N'importe.

LA MONTAGNE.

   Laissez-moi l'ajuster, s'il vous plaît.

ERASTE.

Ouf, tu m'étrangles, fat, laisse-le, comme il est.

LA MONTAGNE.

Souffrez qu'on peigne un peu.

ERASTE.

      Sottise sans pareille !
Tu m'as d'un coup de dent, presqu'emporté l'o-
reille.

LA MONTAGNE.

Vos canons...

LES FACHEUX,
ERASTE.
Laisse-les, tu prends trop de souci,
LA MONTAGNE.
Ils sont tous chiffonnés.
ERASTE.
Je veux qu'il soient ainsi.
LA MONTAGNE.
Accordez-moi du moins, par grace singuliere,
De frotter ce chapeau, qu'on voit plein de poussiere.
ERASTE.
Frotte donc, puisqu'il faut que j'en passe par-là.
LA MONTAGNE.
Le voulez-vous porter fait comme le voilà ?
ERASTE.
Mon Dieu, dépêche-toi.
LA MONTAGNE.
Ce seroit conscience.
ERASTE *Après avoir attendu.*
C'est assez.
LA MONTAGNE.
Donnez-vous un peu de patience.
ERASTE.
Il me tue.
LA MONTAGNE.
En quel lieu vous êtes-vous fourré ?
ERASTE.
T'es-tu de ce chapeau pour toujours emparé ?
LA MONTAGNE.
C'est fait.
ERASTE.
Donne-moi donc.
LA MONTAGNE *laisant tomber le chapeau*
Hai !
ERASTE.
Le voilà par terre !
Je suis fort avancé. Que la fievre te serre.
LA MONTAGNE.
Permettez qu'en deux coups j'ôte...

COMEDIE. 187
ERASTE.
Il ne me plaît pas.
Au diantre tout valet qui vous est sur les bras,
Qui fatigue son maître, & ne fait que déplaire
A force de vouloir trancher du nécessaire.

SCENE II.

ORPHISE, ALCIDOR, ERASTE, LA MONTAGNE.

(Orphise traverse le fond du théatre, Alcidor lui donne la main.)

ERASTE.

Mais vois-je pas Orphise ? oui, c'est elle qui vient.
Où va-t-elle si vîte, & quel homme la tient ?
(Il salue comme elle passe, & elle en passant détourne la tête.)

SCENE III.

ERASTE, LA MONTAGNE.

ERASTE.

Quoi ! me voir en ces lieux devant elle paroître,
Et passer en feignant de ne me pas connoître !
Que croire ? qu'en dis-tu ? parle donc, si tu veux.
LA MONTAGNE.
Monsieur, je ne dis rien de peur d'être fâcheux.
ERASTE.
Et c'est l'être en effet que de ne me rien dire
Dans les extrémités d'un si cruel martyre.

Fais donc quelque réponſe à mon cœur abattu.
Que dois-je préſumer ? parle, qu'en penſes-tu ?
Di-moi ton ſentiment.
LA MONTAGNE.
Monſieur, je veux me taire,
Et ne deſire point trancher du néceſſaire.
ERASTE.
Peſte l'impertinent ! va-t-en ſuivre leurs pas,
Voi ce qu'ils deviendront, & ne les quitte pas.
LA MONTAGNE *revenant ſur ſes pas.*
Il faut ſuivre de loin ?
ERASTE.
Oui.
LA MONTAGNE *revenans ſur ſes pas.*
Sans que l'on me voie ;
Ou faire aucun ſemblant qu'après eux on m'envoie ?
ERASTE.
Non, tu feras bien mieux de leur donner avis
Que par mon ordre exprès ils ſont de toi ſuivis.
LA MONTAGNE *revenant ſur ſes pas.*
Vous trouverai-je ici ?
ERASTE.
Que le ciel te confonde,
Homme, à mon ſentiment le plus fâcheux du monde.

SCENE IV.

ERASTE *ſeul.*

AH ! que je ſens de trouble, & qu'il m'eût été
 doux
Qu'on me l'eût fait manquer ce fatal rendez-vous !
Je penſois y trouver toutes choſes propices,
Et mes yeux pour mon cœur y trouvent des ſup-
 plices.

COMEDIE.

SCENE V.
LISANDRE, ERASTE.

LISANDRE.

Sous ces arbres de loin mes yeux t'ont reconnu,
Cher Marquis, & d'abord je suis à toi venu.
Comme à de mes amis, il faut que je te chante
Certain air que j'ai fait de petite courante,
Qui de toute la cour contente les experts,
Et sur qui plus de vingt ont déjà fait des vers.
J'ai le bien, la naissance, & quelque emploi passable,
Et fais figure en France assez considérable ;
Mais je ne voudrois pas pour tout ce que je suis,
N'avoir point fait cet air qu'ici je te produis.
   (*il prélude.*)
La, la, hem, hem : écoute avec soin, je te prie.
   (*il chante sa courante.*)
N'est-elle pas belle ?

ERASTE.
    Ah !

LISANDRE.
       Cette fin est jolie.
(*Il rechante la fin quatre ou cinq fois de suite.*)
Comment la trouves-tu ?

ERASTE.
       Fort belle assurément.

LISANDRE.
Les pas que j'en ai faits n'ont pas moins d'agrément,
Et sur-tout la figure a merveilleuse grace.
   (*Il chante, parle & danse tout ensemble.*)
Tien, l'homme passe ainsi, puis la femme repasse :
Ensemble, puis on quitte, & la femme vient-là.
Vois-tu ce petit trait de feinte que voilà ?
Ce fleuret ? Ces coupés courant après la belle ?

Dos à dos : face à face, en se pressant sur elle ?
Que t'en semble, Marquis ?
ERASTE.
Tous ces pas-là sont fins.
LISANDRE.
Je me moque, pour moi, des maîtres baladins.
ERASTE.
On le voit.
LISANDRE.
Les pas donc ?
ERGASTE.
N'ont rien qui ne surprenne.
LISANDRE.
Veux-tu par amitié, que je te les apprenne ?
ERASTE.
Ma foi, pour le présent, j'ai certain embarras.....
LISANDRE.
Hé bien donc, ce sera lors que tu le voudras.
Si j'avois dessus moi ces paroles nouvelles,
Nous les lirions ensemble, & verrions les plus belles.
ERASTE.
Une autre fois.
LISANDRE.
Adieu. Baptiste le très-cher
N'a point vu ma courante, & je le vais chercher ;
Nous avons pour les airs de grandes sympathies,
Et je veux le prier d'y faire des parties.
[*Il s'en va chantant toujours.*]

SCENE VI.

ERASTE *seul.*

Ciel ! faut-il que le rang dont on veut tout couvrir,
De cent sots tous les jours nous oblige à souffrir !
Et nous fasse abaisser jusques aux complaisances
D'applaudir bien souvent à leurs impertinences.

SCENE VII.

ERASTE, LA MONTAGNE.

LA MONTAGNE.

Monsieur, Orphise est seule & vient de ce côté.
ERASTE.
Ah ! d'un trouble bien grand je me sens agité :
J'ai de l'amour encor pour la belle inhumaine,
Et ma raison voudroit que j'eusse de la haine.
LA MONTAGNE.
Monsieur, votre raison ne sçait ce qu'elle veut,
Ni ce que sur un cœur une maîtresse peut.
Bien que de s'emporter on ait de justes causes,
Une belle, d'un mot rajuste bien des choses.
ERASTE.
Hélas ! je te l'avoue, & déjà cet aspect,
A toute ma colere imprime le respect.

SCENE VIII.
ORPHISE, ERASTE, LA MONTAGNE.

ORPHISE.

Votre front à mes yeux montre peu d'allegresse,
Seroit-ce ma préfence, Erafte, qui vous bleffe?
Qu'eft-ce donc ? Qu'avez-vous ? Et fur quels déplai-
    firs,
Lorfque vous me voyez, pouffez-vous des foupirs ?

ERASTE.

Hélas ! pouvez-vous bien me demander cruelle,
Ce qui fait de mon cœur la trifteffe mortelle ?
Et d'un efprit méchant n'eft-ce pas un effet,
Que feindre d'ignorer ce que vous m'avez fait ?
Celui dont l'entretien vous a fait à ma vue
Paffer......

ORPHISE *riant*.

C'eft de cela que votre ame eft emue ?

ERASTE.

Infultez inhumaine, encore à mon malheur ;
Allez, il vous fied mal de railler ma douleur,
Et d'abufer, ingrate, à maltraiter ma flâme,
Du foible que pour vous vous fçavez qu'a mon ame.

ORPHISE.

Certes il en faut rire, & confeffer ici,
Que vous êtes bien fou de vous troubler ainfi.
L'homme dont vous parlez ; loin qu'il puiffe me
    plaire,
Eft un homme fâcheux dont j'ai fçu me défaire,
Un de ces importuns & fots officieux
Qui ne fçauroient fouffrir qu'on foit feule en des lieux,
Et viennent auffi-tôt avec un doux langage,
Vous donner une main contre qui l'on enrage.

J'ai

COMEDIE.

J'ai feint de m'en aller pour cacher mon dessein,
Et jusqu'à mon carrosse il m'a prêté la main.
Je m'en suis promptement défaite de la sorte,
Et j'ai, pour vous trouver, rentré par l'autre porte.

ERASTE.

A vos discours, Orphise, ajouterai-je foi,
Et votre cœur est-il tout sincere pour moi?

ORPHISE.

Je vous trouve fort bon de tenir ces paroles
Quand je me justifie à vos plaintes frivoles.
Je suis bien simple encore, & ma sotte bonté...

ERASTE.

Ah! Ne vous fâchez pas, trop sévére beauté.
Je veux croire en aveugle, étant sous votre empire,
Tout ce que vous aurez la bonté de me dire.
Trompez, si vous voulez, un malheureux amant,
J'aurai pour vous respect jusques au monument.
Maltraitez mon amour, refusez-moi le vôtre,
Exposez à mes yeux le triomphe d'un autre;
Oui: je souffrirai tout de vos divins appas.
J'en mourrai: mais enfin je ne m'en plaindrai pas.

ORPHISE.

Quand de tels sentimens régneront dans votre ame,
Je sçaurai de ma part....

SCENE IX.

ALCANDRE, ORPHISE, ERASTE, LA MONTAGNE.

ALCANDRE, (à Orphise.)

Marquis, un mot. Madame,
De grace, pardonnez si je suis indiscret,
En osant, devant vous, lui parler en secret,
(*Orphise sort.*)

Tome II.

SCENE X.

ALCANDRE, ERASTE, LA MONTAGNE.

ALCANDRE.

A Vec peine, Marquis, je te fais la priere ;
Mais un homme vient-là de me rompre en visiere,
Et je souhaite fort, pour ne rien reculer,
Qu'à l'heure de ma part tu l'ailles appeller.
Tu sçais qu'en pareil cas ce seroit avec joie,
Que je te le rendrois en la même monnoie.

ERASTE *après avoir été quelque tems sans parler.*

Je ne veux point ici faire le capitan,
Mais on m'a vu soldat avant que courtisan ;
J'ai servi quatorze ans, & je crois être en passe
De pouvoir d'un tel pas me tirer avec grace,
Et de ne craindre point qu'à quelque lâcheté
Le refus de mon bras me puisse être imputé.
Un duel met les gens en mauvaise posture,
Et notre Roi n'est pas un Monarque en peinture.
Il sçait faire obéir les plus grands de l'Etat,
Et je trouve qu'il fait en digne Potentat.
Quand il faut le servir, j'ai du cœur pour le faire ;
Mais je ne m'en sens point quand il faut lui déplaire.
Je me fais de son ordre une suprême loi ;
Pour lui désobéir, cherche un autre que moi.
Je te parle, Vicomte, avec franchise entiere,
Et suis ton serviteur en toute autre matiere.
Adieu.

SCENE XI.
ERASTE, LA MONTAGNE.
ERASTE.

Cinquante fois au diable les fâcheux !
Où donc s'est retiré cet objet de mes vœux ?
LA MONTAGNE.
Je ne sçais.
ERASTE.
Pour sçavoir où la belle est allée,
Va-t-en chercher par-tout, j'attends dans ce te allée

Fin du premier Acte.

BALLET DU PREMIER ACTE
PREMIERE ENTRÉE.

Des joueurs de mail, en criant, gare, obligent Eraste à se retirer.
SECONDE ENTRÉE.
Après que les joueurs de mail ont fini, Eraste revient pour attendre Orphise. Des curieux tournent autour de lui pour le connoître, & font qu'il se retire encore pour un moment.

ACTE II.

SCENE PREMIERE.
ERASTE.

Les fâcheux à la fin se font-ils écartés ;
Je pense qu'il en pleut ici de tous côtés.
Je les fuis, & les trouve ; & pour second martyre,
Je ne sçaurois trouver celle que je desire.
Le tonnere & la pluie ont promptement passé,
Et n'ont point de ces lieux le beau monde chassé.
Plût au ciel, dans les dons que ses soins y prodiguent,
Qu'ils en eussent chassé tous les gens qui fatiguent !
Le soleil baisse fort, & je suis étonné
Que mon valet encor ne soit point retourné.

SCENE II.
ALCIPPE, ERASTE.
ALCIPPE.

Bon jour.
ERASTE *à part*.
Hé quoi ! Toujours ma flamme divertie !
ALCIPPE.
Console-moi, Marquis, d'un étrange partie,
Qu'au piquet je perdis hier contre un saint Bouvain
A qui je donnerois quinze points & la main.
C'est un coup enragé, qui depuis hier m'accable,
Et qui feroit donner tous les joueurs au diable,
Un coup assurément à se pendre en public.
Il ne m'en faut que deux, l'autre a besoin d'un pic,

Je donne, il en prend six, & demande à refaire ;
Moi, me voyant de tout, je n'en voulus rien faire.
Je porte l'as de tréfle, admire mon malheur,
L'as, le Roi, le valet, le huit & dix cœur,
Et quitte, comme au point alloit la politique,
Dame & Roi de carreau, dix & dame de pique.
Sur mes cinq cœurs portés la dame arrive encor,
Qui me fait justement une quinte major.
Mais mon homme avec l'as, non sans surprise extrême,
Des bas carreaux, sur table, étale une sixieme.
J'en avois écarté la dame avec le roi,
Mais lui faisant un pic, je sortis hors d'effroi,
Et croyois bien du moins faire deux point uniques.
Avec les sept carreaux il avoit quatre piques,
En jettant le dernier, m'a mis dans l'embarras
De ne sçavoir lequel garder de mes deux as.
J'ai jetté l'as de cœur, avec raison, me semble ;
Mais il avoit quitté quatre tréfles ensemble,
Et par un six de cœur je me suis vu capot,
Sans pouvoir, de dépit, proférer un seul mot.
Morbleu, fais-moi raison de ce coup effroyable ;
A moins que l'avoir vu, peut-il être croyable ?

ERASTE.
C'est dans le jeu qu'on voit les plus grands coups du sort.

ALCIPPE.
Parbleu, tu jugeras, toi-même, si j'ai tort.
Et si c'est sans raison que ce coup me transporte ;
Car voici nos deux jeux qu'exprès sur moi je porte,
Tien, c'est ici mon port, comme je te l'ai dit,
Et voici....

ERASTE.
J'ai compris le tout par ton recit,
Et vois de la justice au transport qui t'agite ;
Mais pour certaine affaire il faut que je quitte,
Adieu. Console-toi pourtant de ton malheur.

ALCIPPE.
Qui, moi ? J'aurai toujours ce coup-là sur le cœur !

LES FACHEUX.

Ee c'eſt, pour ma raiſon, pis qu'un coup de tonnerre.
Je le veux faire, moi, voir à toute la terre.
   (*Il s'enva, & rentre en diſant.*)
Un ſix de cœur! Deux points!
    ERASTE.
     En quel lieu ſommes-nous?
De quelque part qu'on tourne on ne voit que des fous.

SCENE III.
ERASTE, LA MONTAGNE.
ERASTE.

AH! Que tu fais languir ma juſte impatience!
   LA MONTAGNE.
Monſieur, je n'ai pu faire une autre diligence.
   ERASTE.
Mais me rapporte-tu quelque nouvelle enfin?
   LA MONTAGNE.
Sans doute, & de l'objet qui fait votre deſtin.
J'ai par ſon ordre exprès quelque choſe à vous dire.
   ERASTE.
Et quoi? Déjà mon cœur après ce mot ſoupire.
Parle. LA MONTAGNE.
   Souhaitez-vous de ſçavoir ce que c'eſt?
   ERASTE.
Oui, dis vite.
   LA MONTAGNE.
   Monſieur, attendez, s'il vous plaît.
Je me ſuis, à courir, preſque mis hors d'haleine.
   ERASTE
Prends-tu quelque plaiſir à me tenir en peine?
   LA MONTAGNE.
Puiſque vous deſirez de ſçavoir promptement
L'ordre que j'ai reçu de cet objet charmant,
Je vous dirai... Ma foi, ſans vous vanter mon zèle,
J'ai bien fait du chemin pour trouver cette belle,
Et ſi...

COMÉDIE.

ERASTE.
Peste soit, fat, de tes digressions !
LA MONTAGNE.
Ah, il faut modérer un peu ses passions ;
Et Sénéque...
ERASTE.
Sénéque est un sot dans ta bouche ?
Puisqu'il ne me dit rien de tout ce qui me touche.
Di-moi ton ordre, tôt.
LA MONTAGNE.
Pour contenter vos vœux,
Votre Orphise... Une bête est-là dans vos cheveux,
ERASTE.
Laisse.
LA MONTAGNE.
Cette beauté de sa part vous fait dire...
ERASTE.
Quoi ?
LA MONTAGNE.
Devinez.
ERASTE.
Sçais-tu que je ne veux pas rire !
LA MONTAGNE.
Son ordre est qu'en ce lieu vous devez vous tenir,
Assuré, que dans peu vous l'y verrez venir,
Lorsqu'elle aura quitté quelques provinciales,
Aux personnes de cour fâcheuses animales,
ERASTE.
Tenons-nous donc au lieu qu'elle a voulu choisir.
Mais puisque l'ordre ici m'offre quelque loisir,
Laisse-moi méditer.
(*La Montagne sort.*)
J'ai dessein de lui faire
Quelques vers, sur un air où je la vois se plaire.
(*il rêve.*)

SCENE IV.
ORANTE, CLIMENE, ERASTE.
dans un coin du Théatre sans être apperçu.

ORANTE.
Tout le monde sera de mon opinion.
CLIMENE.
Croyez-vous l'emporter par obstination ?
ORANTE.
Je pense mes raisons meilleures que les vôtres.
CLIMENE.
Je voudrois qu'on ouit les unes & les autres.
ORANTE *appercevant Eraste.*
J'avise un homme ici qui n'est pas ignorant :
Il pourra nous juger sur notre différend.
Marquis, de grace, un mot : souffrez qu'on vous appelle,
Pour être entre nous deux juge d'une querelle,
D'un débat, qu'ont ému nos divers sentimens
Sur ce qui peut marquer les plus parfaits amans.
ERASTE.
C'est une question à vuider difficile,
Et vous devez chercher un juge plus habile.
ORANTE.
Non, vous nous dites-là d'inutiles chansons.
Votre esprit fait du bruit, & nous vous connoissons :
Nous sçavons que chacun vous donne à juste titre...
ERASTE.
Hé, de grace....
ORANTE.
En un mot, vous serez notre arbitre,
Et ce sont deux momens qu'il vous faut nous donner.
CLIMENE *à Orante.*
Vous retenez ici qui vous doit condamner :
Car enfin, s'il est vrai ce que j'en ose croire,

COMEDIE.

Monsieur à mes raisons donnera la victoire.
ERASTE à part.
Que ne puis-je à mon traître inspirer le souci
D'inventer quelque chose à me tirer d'ici !
ORANTE à Climene.
Pour moi, de son esprit j'ai trop bon témoignage,
Pour craindre qu'il prononce à mon désavantage.
(à Eraste.)
Enfin, ce grand débat qui s'allume entre nous,
Est de sçavoir s'il faut qu'un amant soit jaloux.
CLIMENE.
Ou, pour mieux expliquer ma pensée & la vôtre,
Lequel doit plaire plus d'un jaloux ou d'un autre.
ORANTE.
Pour moi, sans contredit, je suis pour le dernier.
CLIMENE.
Et, dans mon sentiment, je tiens pour le premier.
ORANTE.
Je crois que notre cœur doit donner son suffrage
A qui fait éclater du respect davantage.
CLIMENE.
Et moi, que si nos vœux doivent paroître au jour,
C'est pour celui qui fait éclater plus d'amour.
ORANTE.
Oui ; mais on voit l'ardeur dont une ame est saisie,
Bien mieux dans les respects que dans la jalousie.
CLIMENE.
Et c'est mon sentiment, que qui s'attache à nous,
Nous aime d'autant plus, qu'il se montre jaloux.
ORANTE.
Fi, ne me parlez point, pour être amans, Climene,
De ces gens dont l'amour est fait comme la haine,
Et qui, pour tous respects & tout offre de vœux,
Ne s'appliquent jamais qu'à se rendre fâcheux ;
Dont l'ame, que sans cesse un noir transport anime,
Des moindres actions cherche à nous faire un crime,
En soumet l'innocence à son aveuglement,

Et veut sur un coup d'œil un éclaircissement ;
Qui de quelque chagrin nous voyant l'apparence,
Se plaignent aussi-tôt qu'il naît de leur presence,
Et, lorsque dans nos yeux brille un peu d'enjouement,
Veulent que leurs rivaux en soient le fondement ;
Enfin, qui, prenant droit des fureurs de leur zèle,
Ne nous parlent jamais que pour faire querelle,
Osent défendre à tous l'approche de nos cœurs,
Et se font les tyrans de leurs propres vainqueurs.
Moi, je veux des amans que le respect inspire,
Et leur soumission marque mieux notre empire.

CLIMENE.

Fi, ne me parlez point, pour être vrais amans,
De ces gens qui pour nous n'ont nuls emportemens,
De ces tiédes galans, de qui les cœurs paisibles
Tiennent déjà pour eux les choses infaillibles,
N'ont point peur de nous perdre, & laissent chaque jour,
Sur trop de confiance endormir leur amour,
Sont avec leurs rivaux en bonne intelligence,
Et laissent un champ libre à leur persévérance.
Un amour si tranquille excite mon courroux,
C'est aimer froidement que n'être point jaloux ;
Et je veux qu'un amant pour me prouver sa flamme,
Sur d'éternels soupçons laisse flotter son ame,
Et par de prompts transports, donne un signe éclatant
De l'estime qu'il fait de celle qu'il prétend.
On s'applaudit alors de son inquiétude,
Et, s'il nous fait par fois un traitement trop rude,
Le plaisir de le voir soumis à nos genoux
S'excuser de l'éclat qu'il a fait contre nous,
Ses pleurs, son désespoir d'avoir pu nous déplaire,
Sont un charme à calmer toute notre colere.

ORANTE.

Si, pour vous plaire, il faut beaucoup d'emportement,

COMEDIE. 203

Je sçais qui vous pourroit donner contentement ;
Et je connois des gens dans Paris plus de quatre,
Qui, comme ils le font voir, aiment jusques à battre.
CLIMENE.
Si, pour vous plaire, il faut n'être jamais jaloux,
Je sçais certaines gens fort commodes pour vous,
Des hommes en amour d'une humeur si souffrante
Qu'ils vous verroient sans peine entre les bras de
   trente.
ORANTE.
Enfin, par votre arrêt, vous devez déclarer
Celui de qui l'amour vous semble à préférer.
*(Orphise paroît dans le fond du Théatre, & voit Eraste
entre Orante & Climene..)*
ERASTE,
Puisqu'à moins d'un arrêt, je ne puis m'en défaire,
Toutes deux à la fois je vous veux satisfaire,
Et pour ne point blâmer ce qui plaît à vos yeux,
Le jaloux aime plus, & l'autre aime bien mieux.
CLIMENE.
L'arrêt est plein d'esprit ; mais...
ERASTE.
                Suffit. J'en suis quitte.
Après ce que j'ai dit, souffrez que je vous quitte.

SCENE V.
ORPHISE, ERASTE.

ERASTE *appercevant Orphise & allant au
devant d'elle.*

Que vous tardez, Madame, & que j'éprouve
  bien....
ORPHISE.
Non, non, ne quittez pas un si doux entretien.
A tort vous m'accusez d'être trop tard venue,
(montrant Orante & Climene qui viennent de sortir.)

LES FACHEUX,

Et vous avez de quoi vous paſſer de ma vue.
ERASTE.
Sans ſujet contre moi voulez-vous vous aigrir,
Et me reprochez-vous ce qu'on me fait ſouffrir!
Ah! De grace, attendez ....
ORPHISE.
Laiſſez-moi, je vous prie,
Et courez vous rejoindre à votre compagnie.

SCENE VI.
ERASTE ſeul.

Ciel! Faut-il qu'aujourd'hui fâcheuſes & fâcheux
Conſp rent à troubler les plus chers de mes vœux!
Mais allons ſur ſes pas malgré ſa réſiſtance,
Et faiſons à ſes yeux briller notre innocence.

SCENE VII.
DORANTE, ERASTE.
DORANTE.

AH! Marquis, que l'on voit de fâcheux tous les jours
Venir de nos plaiſirs interrompre le cours!
Tu me vois enragé d'une aſſez belle chaſſe
Qu'un fat ... C'eſt un recit qu'il faut que je te faſſe.
ERASTE.
Je cherche ici quelqu'un, & ne puis m'arrêter.
DORANTE.
Parbleu, chemin faiſant, je te le veux conter.
Nous étions une troupe aſſez bien aſſortie
Qui, pour courir un cerf, avions hier fait partie,
Et nous fûmes coucher ſur le pays exprès,
C'eſt-à-dire, mon cher, en fin fond de forêts.

Comme cet exercice est mon plaisir suprême,
Je voulus, pour bien faire, aller au bois moi-même,
Et nous conclumes tous d'attacher nos efforts
Sur un cerf, qu'un chacun nous disoit cerf-dix-corps ;
Mais moi, mon jugement, sans qu'aux marques j'arrête,
Fut qu'il n'étoit que cerf à sa seconde tête.
Nous avions, comme il faut, séparé nos relais,
Et déjeunions en hâte, avec quelques œufs frais,
Lorsqu'un franc campagnard avec longue rapiere,
Montant superbement sa jument pouliniere
Qu'il honoroit du nom de sa bonne jument,
S'en est venu nous faire un mauvais compliment,
Nous présentant aussi, pour surcroît de colere,
Un grand benêt de fils aussi sot que son pere.
Il s'est dit grand chasseur, & nous a priés tous,
Qu'il pût avoir l'honneur de courir avec nous.
Dieu préserve, en chassant, toute sage personne
D'un porteur de huchet, qui mal à propos sonne ;
De ces gens, qui, suivis de dix hourets galeux,
Disent, ma meute, & font les chasseurs merveilleux.
Sa demande reçue, & ses vertus prisées,
Nous avons tous été frapper à nos brisées.
A trois longueurs de trait, tayaut ; voilà d'abord
Le cerf donné aux chiens. J'appuie, & sonne fort.
Mon cerf débuche, & passe une assez longue pleine,
Et mes chiens après lui ; mais si bien en haleine,
Qu'on les auroit couverts tous d'un seul juste au-corps.
Il vient à la forêt. Nous lui donnons alors
La vieille meute, & moi, je prends en diligence
Mon cheval alezan. Tu l'as vu ?

ERASTE.
        Non, je pense.

DORANTE.
Comment ? C'est un cheval aussi bon qu'il est beau,
Et que ces jours passés, j'achetai de Gaveau. *

* *Fameux Marchand de chevaux.*

Je te laisse à penser, si, sur cette matiere,
Il voudroit me tromper, lui qui me considere;
Aussi je m'en contente ; & jamais, en effet,
Il n'a vendu cheval, ni meilleur, ni mieux fait.
Une tête de barbe, avec l'étoile nette,
L'encolure d'un cigne, effilée & bien droite;
Point d'épaules non plus qu'un lievre, courtjointé,
Et qui fait dans son port voir sa vivacité;
Des pieds, morbleu, des pieds ! Le rein double : à vrai dire,
J'ai trouvé le moyen, moi seul, de le réduire,
Et sur lui, quoiqu'aux yeux il montrât beau semblant,
Petit Jean de Gaveau ne montoit qu'en tremblant.
Une croupe, en largeur, à nulle autre pareille,
Et des gigots, Dieu sçait ! Bref, c'est une merveille,
Et j'en ai refusé cent pistoles, crois-moi,
Au retour d'un cheval amené pour le Roi.
Je monte donc dessus, & ma joie étoit pleine,
De voir filer de loin les coupeurs dans la pleine;
Je pousse, & je me trouve en un fort à l'écart,
A la queue de nos chiens moi seul avec Drecart. *
Une heure là-dedans notre cerf se fait battre.
J'appuie alors mes chiens, & fais le diable à quatre ;
Enfin jamais chasseur ne se vit plus joyeux.
Je le relance seul, & tout alloit des mieux,
Lorsque d'un jeune cerf s'accompagne le nôtre;
Une part de mes chiens se sépare de l'autre,
Et je les vois, Marquis, comme tu peux penser,
Chasser tous avec crainte, & Finaut balancer ;
Il se rabat soudain, dont j'eus l'ame ravie,
Il empaume la voie, & moi, je sonne & crie,
A Finaut, à Finaut ; j'en revois à plaisir
Sur une taupiniere, & résonne à loisir.
Quelques chiens revenoient à moi, quand, pour disgrace,

* *Fameux piqueur.*

COMEDIE,

Le jeune cerf, Marquis, a mon campagnard passe.
Mon étourdi se met à sonner comme il faut,
Et crie à pleine voix, tayaut, tayaut, tayaut.
Mes chiens me quittent tous, & vont à ma pécore;
J'y pousse, & j'en revois dans le chemin encore;
Mais à terre, mon cher, je n'eus pas jetté l'œil,
Que je connus le change & sentis un grand deuil.
J'ai beau lui faire voir toutes les différences
Des pinces de mon cerf & de ses connoissances,
Il me soutient toujours, en chasseur ignorant,
Que c'est le cerf de meute, & par ce différend
Il donne tems aux chiens d'aller loin. J'en enrage,
Et, pestant de bon cœur contre le personnage,
Je pousse mon cheval, & par haut & par bas,
Qui ploit des gaulis aussi gros que le bras :
Je ramene les chiens à ma premiere voie,
Qui vont en me donnant une excessive joie,
Requerir notre cerf, comme s'ils l'eussent vu.
Ils le relancent ; mais, ce coup est-il prévu ?
A le dire vrai, cher Marquis, il m'assomme;
Notre cerf relancé va passer à notre homme
Qui, croyant faire un coup de chasseur fort vanté,
D'un pistolet d'arçon qu'il avoit apporté,
Lui donne justement au milieu de la tête,
Et de fort loin me crie, ah ! j'ai mis bas la bête.
A-t-on jamais parlé de pistolets, bon Dieu !
Pour courre un cerf? pour moi, venant dessus le lieu,
J'ai trouvé l'action tellement hors d'usage,
Que j'ai donné des deux à mon cheval, de rage,
Et m'en suis revenu chez moi toujours courant,
Sans vouloir dire un mot à ce sot ignorant.

ERASTE.

Tu ne pouvois mieux faire, & ta prudence est rare:
C'est ainsi, des fâcheux qu'il faut qu'on se sépare.
Adieu.

DORANTE.

Quand tu voudras, nous irons quelque part,
Où nous ne craindrons point de chasseur campagnard.

ERASTE *seul.*

Fort bien. Je crois qu'enfin je perdrai patience.
Cherchons à m'excuser avecque diligence.

Fin du second Acte.

BALLET DU SECOND ACTE.

PREMIERE ENTRÉE.

DEs joueurs de boule arrêtent Eraste pour mesurer un coup sur lequel ils sont en dispute. Il se défait d'eux avec peine, & leur laisses danser un pas, composé de toutes les postures qui sont ordinaire à ce jeu.

DEUXIEME ENTRÉE.

Des petits frondeurs le viennent interrompre, qui sont chassés ensuite.

TROISIEME ENTRÉE.

Des savetiers & des savetieres, leurs peres & autres sont aussi chassés à leur tour.

QUATRIEME ENTRÉE.

Un Jardinier danse seul, & se retire pour faire place au troisieme Acte.

ACTE III.

SCENE PREMIERE.
ERASTE, LA MONTAGNE.

ERASTE.

Il est vrai, d'un côté mes soins ont réussi,
Cet adorable objet enfin s'est adouci,
Mais d'un autre on m'accable, & les astres sévéres
Ont contre mon amour redoublé leurs coleres.
Oui, Damis son tuteur, mon plus rude fâcheux,
Tout de nouveau s'oppose aux plus doux de mes vœux.
A son aimable niece a défendu ma vue,
Et veut d'un autre époux la voir demain pourvue.
Orphise toutefois, malgré son désaveu,
Daigne accorder ce soir une grace à mon feu.
Et j'ai fait consentir l'esprit de cette belle
A souffrir qu'en secret je la visse chez elle.
L'amour aime sur-tout les secrettes faveurs,
Dans l'obstacle qu'on force il trouve des douceurs,
Et le moindre entretien de la beauté qu'on aime,
Lorsqu'il est défendu, devient grace suprême.
Je vais au rendez-vous ; c'en est l'heure à peu près,
Puis je veux m'y trouver plutôt avant qu'après.

LA MONTAGNE.
Suivrai-je vos pas ?

ERASTE.
Non. Je craindrois que peut-être
A quelques yeux suspects tu me fisses connoître

LA MONTAGNE.
Mais....

LES FACHEUX,

ERASTE.
Je ne le veux pas.
LA MONTAGNE.
Je dois suivre vos loix :
Mais au moins si de loin....
ERASTE.
Te tairas-tu, vingt fois ?
Et ne veux-tu jamais quitter cette méthode,
De te rendre à toute heure un valet incommode ?

SCENE II.
CARITIDÉS, ERASTE.
CARITIDÉS.

Monsieur, le tems répugne à l'honneur de vous
    voir.
Le matin est plus propre à rendre un tel devoir :
Mais de vous rencontrer il n'est pas bien facile,
Car vous dormez toujours, ou vous êtes en ville :
Au moins Messieurs vos gens me l'assurent ainsi,
Et j'ai pour vous trouver, pris l'heure que voici.
Encore est-ce un grand heur dont le destin m'ho-
    nore,
Car, deux momens plus tard, je vous manquois
    encore
ERASTE.
Monsieur, souhaitez-vous quelque chose de moi ?
CARITIDÉS.
Je m'acquitte, Monsieur, de ce que je vous dois ;
Et vous viens... Excusez, l'audace qui m'inspire,
Si....
ERASTE.
Sans tant de façons, qu'avez-vous à me dire ?
CARITIDÉS.
Comme le rang, l'esprit, la générosité.

COMEDIE.

Que chacun vante en vous....
ERASTE.
Oui, je suis fort vanté.
Passons, Monsieur.
CARITIDÉS.
Monsieur, c'est une peine exttême
Lorsqu'il faut à quelqu'un se produire soi-même,
Et toujours près des grands on doit être introduit
Par des gens qui de nous fassent un peu de bruit,
Dont la bouche écoutée, avecque poids débite
Ce qui peut faire voir notre petit mérite.
Pour moi, j'aurois voulu que des gens bien instruits
Vous eussent pu, Monsieur, dire ce que je suis.
ERASTE.
Je vois assez, Monsieur, ce que vous pouvez être,
Et votre seul abord le peut faire connoître.
CANTARIDES.
Oui, je suis un Sçavant charmé de vos vertus,
Non pas de ces Sçavans dont le nom n'est qu'en *us* :
Il n'est rien si commun qu'un nom à la Latine,
Ceux qu'on habille en Grec ont bien meilleure mine ;
Et pour en avoir un qui se termine en *és*,
Je me fais appeller Monsieur Caritidés.
ERASTE.
Monsieur Caritidés, soit. Qu'avez-vous à dire ?
CARITIDÉS.
C'est un placet, Monsieur, que je voudrois vous lire,
Et que, dans la posture où vous met votre emploi,
J'ose vous conjurer de présenter au Roi.
ERASTE.
Hé, Monsieur, vous pouvez le présenter vous-même.
CARITIDES.
Il est vrai que le Roi fait cette grace extrême :
Mais par ce même excès de ses rares bontés,
Tant de méchans placets, Monsieur, sont présentés
Qu'ils étouffent les bons, & l'espoir où je fonde,
Est qu'on donne le mien, quand le Prince est sans monde.

ERASTE.
Hé bien, vous le pouvez, & prendre votre tems.
CARITIDES.
Ah, Monsieur, les huissiers sont de terribles gens,
Ils traitent les Sçavans de faquins à nazardes,
Et je n'en puis venir qu'à la salle des gardes.
Les mauvais traitemens qu'il me faut endurer,
Pour jamais de la Cour me feroient retirer,
Si je n'avois conçu l'espérance certaine,
Qu'auprès de notre Roi vous serez mon Mécéne.
Oui, votre crédit m'est un moyen assuré....
ERASTE.
Hé bien, donnez-moi donc, je le presenterai.
CARITIDES.
Le voici. Mais au moins oyez-en la lecture.
ERASTE.
Non....
CARITIDÉS.
C'est pour être instruit, Monsieur, je vous conjure.

COMEDIE.

PLACET AU ROI.

SIRE,

Votre très-humble, très-obéissant, très-fidelle & très-sçavant sujet & serviteur, Caritidés, François de nation, Grec de profession, ayant considéré les grands & notables abus qui se commettent aux inscriptions des enseignes des maisons, boutiques, cabarets, jeux de boule, & autres lieux de votre bonne ville de Paris, en ce que certains ignorans compositeurs desdites inscriptions, renversent, par une barbare, pernicieuse & détestable orthographe, toute sorte de sens & de raison, sans aucun egard d'étimologie, analogie, énergie, ni allégorie quelconque, au grand scandale de la République des lettres, & de la nation Françoise, qui se décrie & se deshonore par lesdits abus & fautes grossieres envers les étrangers, & notamment contre les Allemands, curieux lecteurs & spectateurs desdites inscriptions.

ERASTE.

Ce placet est fort long, & pourroit bien fâcher....

CARITIDÉS.

Ah! Monsieur, pas un mot ne s'en peut retrancher.

(Il continue.)

Supplie humblement VOTRE MAJESTÉ *de créer pour le bien de son état, & la gloire de son empire, une Charge de Contrôleur, Intendant, Correcteur, Réviseur, & Restaurateur général desdites inscriptions; & d'icelle honorer le suppliant, tant en considération de son rare & éminent sçavoir, que des grands & signalés services qu'il a rendus à l'Etat, & à* VOTRE MAJESTÉ, *en faisant l'anagramme de* VOTREDITE MAJESTÉ, *en François, Latin, Grec, Hébreu, Syriaque, Chaldéen, Arabe....*

LES FACHEUX,

ERASTE *l'interrompant.*

Fort bien. Donnez-le vite, & faites la retraite:
Il sera vu du Roi; c'est une affaire faite.

CARITIDES.

Hélas, Monsieur, c'est tout que montrer mon place.
Si le Roi le peut voir, je suis sûr de mon fait ;
Car, comme sa justice en toute chose est grande,
Il ne pourra jamais refuser ma demande.
Au reste, pour porter au ciel votre renom,
Donnez-moi par écrit votre nom & surnom,
J'en veux faire un poëme en forme d'acrostiche,
Dans les deux bouts du vers, & dans chaque hémistiche.

ERASTE.

Oui, vous l'aurez demain, Monsieur Caritidés.
(*seul.*)
Ma foi de tels sçavans sont des ânes bien faits.
J'aurois dans d'autre tems bien ri de sa sottise.

SCENE III.

ORMIN, ERASTE.

ORMIN.

Bien qu'une grande affaire en ce lieu me conduise,
J'ai voulu qu'il sortit avant que vous parler.

ERASTE.

Fort bien, mais dépêchons; car je veux m'en aller.

ORMIN.

Je me doute à peu près que l'homme qui vous quitte
Vous a fort ennuyé, Monsieur, par sa visite.
C'est un vieux importun, qui n'a pas l'esprit sain,
Et pour qui j'ai toujours quelque défaite en main.
Au mail, au Luxembourg & dans les Thuileries,
Il fatigue le monde avec ses rêveries ;

Et des gens comme vous doivent fuir l'entretien
De tous ces sçavantas qui ne sont bons à rien.
Pour moi, je ne crains pas que je vous importune,
Puisque je viens, Monsieur, faire votre fortune.
ERASTE *bas à part.*
Voici quelque souffleur, de ces gens qui n'ont rien,
Et nous viennent toujours promettre tant de bien.
(*haut.*)
Vous avez fait, Monsieur, cette bénite pierre
Qui peut seule enrichir tous les Rois de la terre?
ORMIN.
La plaisante pensée, hélas, où vous voilà,
Dieu me garde, Monsieur, d'être de ces fous-là !
Je ne me repais point de ces visions frivoles
Et je vous porte ici les solides paroles
D'un avis que par vous je veux donner au Roi,
Et que tout cacheté je conserve sur moi.
Non de ces sots projets, de ces chimeres vaines,
Dont les surintendans ont les oreilles pleines :
Non de ces gueux d'avis, dont les prétentions
Ne parlent que de vingt ou trente millions ;
Mais un, qui, tous les ans, à si peu qu'on le monte,
En peut donner au Roi quatre cens de bon compte,
Avec facilité, sans risque, ni soupçon,
Et sans fouler le peuple en aucune façon ;
Enfin, c'est un avis d'un gain inconcevable,
Et que du premier mot on trouvera faisable.
Oui, pourvu que par vous je puisse être poussé....
ERASTE.
Soit ; nous en parlerons. Je suis un peu pressé.
ORMIN.
Si vous me promettiez de garder le silence,
Je vous découvrirois cet avis d'importance.
ERASTE.
Non, non, je ne veux point sçavoir votre secret.
ORMIN.
Monsieur, pour le trahir, je vous crois trop discret.

Et veux avec franchise en deux mots vous l'apprendre.
Il faut voir si quelqu'un ne peut point nous entendre.

(*Après avoir regardé si personne ne l'écoute, il s'approche de l'oreille d'Eraste.*)

Cet avis merveilleux dont je suis l'inventeur,
Est que....

ERASTE.
D'un peu plus loin, & pour cause, Monsieur.

ORMIN.
Vous voyez le grand gain, sans qu'il le faille dire,
Que de ses ports de mer, le Roi tous les ans tire.
Or l'avis, donc encor nul ne s'est avisé,
Est qu'il faut que la France, & c'est un coup aisé,
En fameux ports de mer, mettre toutes les côtes,
Ce seroit pour monter à des sommes très-hautes,
Et si....

ERASTE.
L'avis est bon, & plaira fort au Roi.
Adieu. Nous nous verrons.

ORMIN.
     Au moins appuyez-moi
Pour en avoir ouvert les premieres paroles.

ERASTE.
Oui, oui.

ORMIN.
  Si vous vouliez me prêter deux pistoles
Que vous reprendriez sur le droit de l'avis,
Monsieur....

ERASTE.
(*Il donne deux louis à Ormin.*)   (*seul.*)
   Oui, volontiers. Plût à Dieu qu'à ce prix
De tous les importuns je pusse me voir quitte !
Voyez quel contre-tems prend ici leur visite.
Je pense qu'à la fin je pourrai bien sortir.
Viendra-t-il point quelqu'un encor me divertir ?

SCENE

COMEDIE.

SCENE IV.
FILINTE, ERASTE.
FILINTE.

Marquis, je viens d'apprendre une étrange nouvelle.

ERASTE.

Quoi ?

FILINTE.

Qu'un homme tantôt t'a fait une querelle.

ERASTE.

A moi ?

FILINTE.

Que te sert-il de le dissimuler ?
Je sçais de bonne part qu'on t'a fait appeller ;
Et, comme ton ami, quoiqu'il en réussisse,
Je te viens contre tous faire offre de service.

ERASTE.

Je te suis obligé ; mais crois que tu me fais...

FILINTE.

Tu ne l'avoueras pas ; mais tu sors sans valets.
Demeure dans la ville ou gagne la campagne,
Tu n'iras nulle part que je ne t'accompagne.

ERASTE à part.

Ah ! j'enrage.

FILINTE.

A quoi bon de te cacher de moi ?

ERASTE.

Je te jure, Marquis, qu'on s'est moqué de toi.

FILINTE.

En vain tu t'en défends.

ERASTE.

Que le ciel me foudroie,
Si d'aucun démêlé...

Tome II.   K

LES FACHEUX,

FILINTE.

Tu penses qu'on te croie?

ERASTE.

Hé, mon Dieu! je te dis, & ne déguise point
Que...

FILINTE.

Ne me crois pas dupe & crédule à ce point.

ERASTE.

Veux-tu m'obliger?

FILINTE.

Non.

ERASTE.

Laisse-moi, je te prie.

FILINTE.

Point d'affaire, Marquis.

ERASTE.

Une galanterie.

En certain lieu, ce soir....

FILINTE.

Je ne te quitte pas.
En quel lieu que ce soit, je veux suivre tes pas.

ERASTE.

Parbleu, puisque tu veux que j'aie une querelle,
Je consens à l'avoir pour contenter ton zele;
Ce sera contre toi, qui me fais enrager,
Et dont je ne me puis par douceur dégager.

FILINTE.

C'est fort mal d'un ami recevoir le service,
Mais puisque je vous rends un si mauvais office,
Adieu. Vuidez sans moi tout ce que vous aurez.

ERASTE.

Vous serez mon ami quand vous me quitterez.

(seul.)

Mais voyez quels malheurs suivent ma destinée!
Ils m'auront fait passer l'heure qu'on m'a donnée.

※

SCENE V.

DAMIS, L'ÉPINE, ERASTE, LA RIVIERE & ses Compagnons.

DAMIS à part.

Quoi! malgré moi le traître espere l'obtenir?
Ah! mon juste courroux le sçaura prévenir.

ERASTE.

J'entrevois-là quelqu'un sur la porte d'Orphise.
Quoi! toujours quelque obstacle aux feux qu'elle
 autorise?

DAMIS à l'Épine.

Oui, j'ai sçu que ma niece, en dépit de mes soins,
Doit voir ce soir chez elle Eraste sans témoins.

LA RIVIERE à ses Compagnons.

Qu'entends-je à ces gens-là dire de notre maître?
Approchons doucement sans nous faire connoître.

DAMIS à l'Épine.

Mais avant qu'il ait lieu d'achever son dessein,
Il faut de mille coups percer son traître sein.
Va-t-en faire venir ceux que je viens de dire
Pour les mettre en embûche aux lieux que je desire,
Afin qu'au nom d'Eraste, on soit prêt à venger
Mon honneur que ses feux ont l'orgueil d'outrager,
A rompre un rendez-vous qui dans ce lieu l'appelle,
Et noyer dans son sang sa flamme criminelle.

LA RIVIERE attaquant Damis avec ses Compagnons.

Avant qu'à tes fureurs on puisse l'immoler,
Traître, tu trouveras en nous à qui parler.

ERASTE.

Bien qu'il m'ait voulu perdre, un point d'honneur
 me presse
De secourir ici l'oncle de ma maîtresse.

(à Damis.)
Je suis à vous, Monsieur.
(*Il met l'épée à la main contre la Riviere & ses compagnons qu'il met en fuite.*)

DAMIS.

O ciel ! par quel secours,
D'un trépas assuré, vois-je sauver mes jours ?
A qui suis-je obligé d'un si rare service ?

ERASTE *revenant.*

Je n'ai fait, vous servant, qu'un acte de justice.

DAMIS.

Ciel ! puis-je à mon oreille ajouter quelque foi ?
Est-ce la main d'Eraste.....

ERASTE.

Oui, oui, Monsieur, c'est moi.
Trop heureux, que ma main vous ait tiré de peine,
Trop malheureux d'avoir mérité votre haine.

DAMIS.

Quoi ! Celui dont j'avois résolu le trépas,
Est celui qui pour moi vient d'employer son bras ?
Ah ! C'en est trop ; mon cœur est contraint de se rendre,
Et, quoi que votre amour ce soir ait pu prétendre,
Ce trait si surprenant de générosité,
Doit étouffer en moi toute animosité.
Je rougis de ma faute, & blâme mon caprice.
Ma haine trop long-tems vous a fait injustice ;
Et, pour la condamner par un éclat fameux,
Je vous joins dès ce soir à l'objet de vos vœux.

SCENE VI.

ORPHISE, DAMIS, ERASTE.

ORPHISE, *sortant de chez elle avec un flambeau.*

Monsieur, quelle aventure a d'un trouble effroyable...
DAMIS.
Ma niece, elle n'a rien que de très-agréable,
Puisqu'après tant de vœux que j'ai blâmés en vous,
C'est elle qui vous donne Erafte pour époux.
Son bras a repoussé le trépas que j'évite,
Et je veux envers lui, que votre main m'acquite.
ORPHISE.
Si c'est pour lui payer ce que vous lui devez,
J'y consens, devant tout aux jours qu'il a sauvés.
ERASTE.
Mon cœur est si surpris d'une telle merveille,
Qu'en ce ravissement je doute si je veille.
DAMIS.
Célébrons l'heureux sort, dont vous allez jouir,
Et que nos violons viennent nous réjouir.
(*On frappe à la porte de Damis.*)
ERASTE.
Qui frappe-là si fort ?

SCENE DERNIERE.

DAMIS, ORPHISE, ERASTE, L'ÉPINE.

L'ÉPINE.

Monsieur, ce sont des masques,
Qui portent des crins-crins, & des tambours de
Basques.
(*Les masques entrent qui occupent toute la place.*)

ERASTE.

Quoi ! toujours des fâcheux ? Holà, Suisses, ici,
Qu'on me fasse sortir ces gredins que voici.

FIN.

BALLET DU III ACTE.

PREMIERE ENTRÉE.

Dès Suisses avec des hallebardes chassent tous les masques fâcheux & se retirant ensuite pour laisser danser.

DERNIERE ENTRÉE.

Quatre bergers & une bergere ferment le divertissement.

FIN.

L'ÉCOLE DES FEMMES, COMÉDIE.

A MADAME.

MADAME,

 Je suis le plus embarrassé homme du monde, lorsqu'il me faut dédier un Livre, & je me trouve si peu fait au style d'Epitre dédicatoire, que je ne sçais par où sortir de celle-ci. Un autre Auteur qui seroit en ma place, trouveroit d'abord cent belles choses à dire de VOTRE ALTESSE ROYALE, sur ce titre de L'ÉCOLE DES FEMMES, & l'offre qu'il vous en feroit. Mais pour moi, MADAME, je vous avoue mon foible. Je ne sçais point cet art de trouver des rapports entre des choses si peu proportionnées ; & quelques belles lumieres que mes confreres les Auteurs me donnent tous les jours sur de pareils sujets, je ne vois point ce que VOTRE ALTESSE ROYALE pourroit avoir à démêler avec la Comédie que je lui presente. On n'est pas en peine, sans doute, comme il faut faire pour vous louer. La matiere, MADAME, ne saute que trop aux yeux ; &, de quelque côté qu'on vous regarde, on rencontre gloire sur gloire, & qualités sur qualités. Vous en avez, MADAME, du côté du rang & de la naissance, qui vous font respecter de toute la terre. Vous en avez du côté des graces, & de l'esprit & du corps qui vous font admirer de toutes les personnes qui vous voient. Vous en avez du côté de l'ame, qui, si l'on ose parler ainsi, vous font aimer de tous ceux qui ont l'honneur d'approcher de vous. Je veux dire cette douceur pleine de charmes, dont vous daignez tempérer la fierté des grands titres que vous portez, cette bonté toute obligeante, cette affabilité généreuse que vous faites paroître pour tout le monde. Et ce sont particuliérement ces dernieres pour qui je suis, & dont je sens fort bien que je ne me pourrai taire quelque jour. Mais encore une fois, MADAME, je ne sçais point le biais de faire entrer ici des vérités si éclatantes; & ce sont choses, à mon avis, & d'une trop vaste étendue, & d'un mérite trop relevé, pour les vouloir renfermer dans une Epitre, & les mêler avec des bagatelles. Tout bien considéré, MADAME, je ne vois rien à faire ici pour moi, que de vous dédier simplement ma Comédie, & de vous assurer avec tout le respect qu'il m'est possible, que je suis,

MADAME,

DE VOTRE ALTESSE ROYALE,

Le très-humble, très-obéissant,
& très-obligé serviteur,
MOLIERE.

PRÉFACE.

BIEN des gens ont frondé d'abord cette Comédie ; mais les rieurs ont été pour elle, & tout le mal qu'on en a pu dire, n'a pu faire qu'elle n'ait eu un succès dont je me contente. Je sçais qu'on attend de moi dans cette impression quelque Préface, qui réponde aux Censeurs, & rende raison de mon ouvrage ; & sans doute que je suis assez redevable à toutes les personnes qui lui ont donné leur approbation, pour me croire obligé de défendre leur jugement contre celui des autres ; mais il se trouve qu'une grande partie des choses que j'aurois à dire sur ce sujet, est déjà dans une dissertation que j'ai faite en dialogue, & dont je ne sçais encore ce que je ferai. L'idée de ce Dialogue, ou si l'on veut, de cette petite Comédie, me vint après les deux ou trois premieres representations de ma Piece. Je la dis, cette idée, dans une maison où je me trouvai un soir ; & d'abord une personne de qualité, dont l'esprit est assez connu dans le monde, & qui me fait l'honneur de m'aimer, trouva le projet assez à son gré non-seulement pour me solliciter d'y mettre la main, mais encore pour l'y mettre lui-même, & je fus étonné que deux jours après il me montra toute l'affaire exécutée ; d'une maniere, à la vérité, beaucoup plus galante & plus spirituelle que je ne puis faire, mais où je trouvai des choses trop avantageuses pour

PRÉFACE.

moi : & j'eus peur, que si je produisois cet ouvrage sur notre Théatre, on ne m'accusât d'avoir mendié les louanges qu'on m'y donnoit. Cependant cela m'empêcha par quelque considération, d'achever ce que j'avois commencé. Mais tant de gens me pressent tous les jours de le faire, que je ne sçais ce qui en sera ; & cette incertitude est cause que je ne mets point dans cette Préface ce qu'on verra dans la Critique, en cas que je me résolve à la faire paroître. S'il faut que cela soit, je le dis encore, ce sera seulement pour venger le Public du chagrin délicat de certaines gens : car pour moi je m'en tiens assez vengé par la réussite de ma Comédie ; & je souhaite que toutes celles que je pourrai faire, soient traitées par eux comme celle-ci, pourvu que le reste soit de même.

ACTEURS.

ARNOLPHE, ou LA SOUCHE.

AGNÈS, Fille d'Enrique.

HORACE, Amant d'Agnès, Fils d'Oronte.

CHRISALDE, ami d'Arnolphe.

ENRIQUE, Beau-frere de Chrisalde, & Pere d'Agnès.

ORONTE, Pere d'Horace, & Ami d'Arnolphe.

ALAIN, Paysan, Valet d'Arnolphe.

GEORGETTE, Paysanne, servante d'Arnolphe.

UN NOTAIRE.

La Scene est à Paris, dans une Place d'un Fauxbourg.

Tome .I.

L'ECOLE DES FEMMES

L'ECOLE DES FEMMES, COMEDIE.

ACTE PREMIER.

SCENE PREMIERE.
CHRISALDE, ARNOLPHE.

CHRISALDE.

Ous venez, dites-vous, pour lui donner la main ?
ARNOLPHE.
Oui. Je veux terminer l'affaire dans demain.
CHRISALDE.
Nous sommes ici seuls, & l'on peut, ce me semble,
Sans craindre d'être ouis, y discourir ensemble.
Voulez-vous qu'en ami je vous ouvre mon cœur ?
Votre dessein, pour vous, me fait trembler de peur ;
Et, de quelque façon que vous tourniez l'affaire,
Prendre femme est à vous un coup bien téméraire,

ARNOLPHE.

Il est vrai, notre ami. Peut-être que chez vous,
Vous trouvez des sujets de craindre pour chez nous ;
Et votre front, je crois, veut que du mariage
Les cornes soient par-tout le terrible appanage.

CHRISALDE.

Ce sont coups du hasard, dont on n'est point garant,
Et bien sot, ce me semble est le soin qu'on en prend.
Mais quand je crains pour vous, c'est cette raillerie
Dont cent pauvres maris ont souffert la furie :
Car enfin, vous sçavez qu'il n'est grands ni petits,
Que de votre critique on ait vus garantis ;
Que vos plus grands plaisirs sont, par-tout où vous êtes,
De faire cent éclats des intrigues secrettes....

ARNOLPHE.

Fort bien. Est-il au monde une autre ville aussi,
Où l'on a t des maris si patiens qu'ici ?
Est-ce qu'on n'en voit pas de toutes les especes,
Qui sont accommodés chez eux de toutes pieces ?
L'un amasse du bien dont sa femme fait part
A ceux qui prennent soin de le faire cornard ;
L'autre un peu plus heureux, mais non pas moins infâme,
Voit faire tous les jours des presens à sa femme,
Et d'aucun soin jaloux n'a l'esprit combattu,
Parce qu'elle lui dit que c'est pour sa vertu.
L'un fait beaucoup de bruit, qui ne lui sert de gueres ;
L'autre, en toute douceur, laisse aller les affaires,
Et, voyant arriver chez lui le damoiseau,
Prend fort honnêtement ses gants & son manteau.
L'une, de son galant, en adroite femelle,
Fait fausse confidence à son époux fidele,
Qui dort en sûreté sur un pareil appas,
Et le plaint, ce galant, des soins qu'il ne perd pas ;
L'autre, pour se purger de sa magnificence,
Dit qu'elle gagne au jeu l'argent qu'elle dépense ;

COMÉDIE.

Et le mari benêt, sans songer à quel jeu,
Sur les gains qu'elle fait rend des graces à Dieu.
Enfin ce sont par-tout des sujets de satyre,
Et comme spectateur, ne puis-je pas en rire ?
Puis-je pas de nos sots……

CHRISALDE.

                  Oui ; mais qui rit d'autrui
Doit craindre qu'en revanche on rie aussi de lui.
J'entends parler le monde, & des gens se délassent
A venir débiter les choses qui se passent :
Mais, quoique l'on divulgue aux endroits où je suis,
Jamais on ne m'a vu triompher de ces bruits ;
J'y suis assez modeste, & bien qu'aux occurences
Je puisse condamner certaines tolérances,
Que mon dessein ne soit de souffrir nullement
Ce que quelques maris souffrent paisiblement,
Pourtant je n'ai jamais affecté de le dire :
Car enfin il faut craindre un revers de satyre,
Et l'on ne doit jamais jurer sur de tels cas
De ce qu'on pourra faire, ou bien ne faire pas.
Ainsi, quand à mon front, par un sort qui tout mene,
Il seroit arrivé quelque disgrace humaine,
Après mon procédé, je suis presque certain
Qu'on se contentera de s'en rire sous main :
Et peut-être qu'encor j'aurai cet avantage,
Que quelques bonnes gens diront que c'est dom-
    mage.
Mais de vous, cher compere, il en est autrement ;
Je vous le dis encor, vous risquez diablement.
Comme sur les maris accusés de souffrance,
De tout tems, votre langue a daubé d'importance,
Qu'on vous a vu contr'eux un diable déchaîné,
Vous devez marcher droit pour n'être point berné ;
Et, s'il faut que sur vous on ait la moindre prise,
Gare qu'aux carrefours on ne vous tympanise,
Et……

ARNOLPHE.

Mon Dieu, notre ami, ne vous tourmentez point.

Bien rufé qui pourra m'attraper fur ce point.
Je fçais les tours rufés, & les fubtiles trames,
Dont pour nous en planter fçavent ufer les femmes,
Et comme on eft dupé par leurs dextérités,
Contre cet accident j'ai pris mes fûretés ;
Et celle que j'époufe a toute l'innocence,
Qui peut fauver mon front de maligne influence.
CHRISALDE.
Hé, que prétendez-vous ? qu'une fotte, en un mot...
ARNOLPHE.
Epoufer une fotte eft pour n'être point fot.
Je crois, en bon Chrétien, votre moitié fort fage ;
Mais une femme habile eft un mauvais préfage,
Et je fçais ce qu'il coûte à de certaines gens,
Pour avoir pris les leurs avec trop de talens.
Moi, j'irois me charger d'une fpirituelle
Qui ne parleroit rien que cercle & que ruelle ?
Qui de profe & de vers feroit de doux écrits,
Et que vifiteroient Marquis & beaux efprits,
Tandis que, fous le nom du mari de Madame,
Je ferois comme un faint que pas un ne reclame ?
Non, non, je ne veux point d'un efprit qui foit haut,
Et femme qui compofe en fçait plus qu'il ne faut.
Je prétends que la mienne, en clartés peu fublime,
Même ne fache pas ce que c'eft qu'une rime ;
Et s'il faut qu'avec elle on joue au corbillon,
Et qu'on vienne à lui dire à fon tour, qu'y met-on ?
Je veux qu'elle réponde, une tarte à la crême ;
En un mot, qu'elle foit d'une ignorance extrême,
Et c'eft affez pour elle, à vous en bien parler,
De fçavoir prier Dieu, m'aimer, coudre & filer.
CHRISALDE.
Une femme ftupide eft donc votre marotte ?
ARNOLPHE.
Tant, que j'aimerois mieux une laide bien fotte,
Qu'une femme fort belle avec beaucoup d'efprit.
CHRISALDE.
L'efprit & la beauté ....

COMEDIE.

ARNOLPHE.
L'honnêteté suffit.

CHRISALDE.
Mais, comment voulez-vous, après tout, qu'une bête
Puisse jamais savoir ce que c'est qu'être honnête ?
Outre qu'il est assez ennuyeux, que je croi,
D'avoir toute sa vie une bête avec soi,
Pensez-vous le bien prendre, & que, sur votre idée,
La sûreté d'un front puisse être bien fondée ?
Une femme d'esprit peut trahir son devoir,
Mais il faut pour le moins qu'elle ose le vouloir ;
Et la stupide au sien peut manquer d'ordinaire,
Sans en avoir l'envie, & sans penser le faire.

ARNOLPHE.
A ce bel argument, à ce discours profond,
Ce que Pantagruel à Panurge répond ;
Pressez-moi de me joindre à femme autre que sotte,
Prêchez, patrocinez jusqu'à la Pentecôte,
Vous serez ébahi, quand vous serez au bout,
Que vous ne m'aurez rien persuadé du tout.

CHRISALDE.
Je ne vous dis plus mot.

ARNOLPHE.
Chacun a sa méthode.
En femme comme en tout, je veux suivre ma mode.
Je me vois riche assez pour pouvoir, que je croi,
Choisir une moitié qui tienne tout de moi,
Et de qui la soumise & pleine dépendance
N'ait à me reprocher aucun bien, ni naissance.
Un air doux & posé, parmi d'autres enfans,
M'inspira de l'amour pour elle dès quatre ans,
Sa mere se trouvant de pauvreté pressée,
De la lui demander il me vint en pensée,
Et la bonne paysanne apprenant mon desir,
A s'ôter cette charge eut beaucoup de plaisir.
Dans un petit couvent, loin de toute pratique,

Je la fis élever selon ma politique,
C'est-à-dire, ordonnant quels soins on emploieroit
Pour la rendre idiotte autant qu'il se pourroit.
Dieu merci, le succès a suivi mon attente;
Et grande, je l'ai vue à tel point innocente,
Que j'ai beni le ciel d'avoir trouvé mon fait
Pour me faire une femme au gré de mon souhait.
Je l'ai donc retirée, & comme ma demeure
A cent sortes de gens est ouverte à toute heure,
Je l'ai mise à l'écart, comme il faut tout prévoir,
Dans cette autre maison, où nul ne me vient voir;
Et pour ne point gâter sa bonté naturelle,
Je n'y tiens que des gens tout aussi simples qu'elle.
Vous me direz pourquoi cette narration ?
C'est pour vous rendre instruit de ma précaution.
Le résultat de tout, est qu'en ami fidelle,
Ce soir je vous invite à souper avec elle;
Je veux que vous puissiez un peu l'examiner,
Et voir si de mon choix on doit me condamner.

CHRISALDE.
J'y consens.

ARNOLPHE.
Vous pourrez dans cette conférence,
Juger de sa personne & de son innocence.

CHRISALDE.
Pour cet article-là, ce que vous m'avez dit
Ne peut...

ARNOLPHE.
La vérité passe encor mon recit.
Dans ses simplicités, à tous coups je l'admire,
Et par fois elle en dit, dont je pâme de rire.
L'autre jour, pourroit-on se le persuader !
Elle étoit fort en peine, & me vint demander ?
Avec une innocence à nulle autre pareille,
Si les enfans, qu'on fait se faisoient par l'oreille.

CHRISALDE.
Je me réjouis fort, Seigneur Arnolphe...

COMÉDIE.

ARNOLPHE.
                                              Bon !
Me voulez-vous toujours appeller de ce nom ?
CHRISALDE.
Ah ! malgré que j'en aie, il me vient à la bouche,
Et jamais je ne songe à Monsieur de la Souche.
Que diable vous a fait aussi vous aviser
A quarante-deux ans de vous débaptiser,
Et, d'un vieux tronc pourri de votre métairie,
Vous faire dans le monde un nom de seigneurie ?
ARNOLPHE.
Outre que la maison par ce nom se connoît,
La Souche, plus qu'Arnolphe à mes oreilles plaît.
CHRISALDE.
Quel abus de quitter le vrai nom de ses peres,
Pour en vouloir prendre un bâti sur des chimeres ?
De la plûpart des gens c'est la démangeaison ;
Et sans vous embrasser dans la comparaison,
Je sçais un paysan, qu'on appelloit Gros-Pierre,
Qui n'ayant pour tout bien qu'un seul quartier de terre,
Y fit tout à l'entour faire un fossé bourbeux,
Et de Monsieur de l'Isle en prit le nom pompeux.
ARNOLPHE.
Vous pourriez vous passer d'exemples de la sorte,
Mais enfin de la Souche est le nom que je porte ;
J'y vois de la raison, j'y trouve des appas,
Et m'appeller de l'autre est ne m'obliger pas.
CHRISALDE.
Cependant la plupart ont peine à s'y soumettre,
Et je vois même encor des adresses de lettre....
ARNOLPHE.
Je le souffre aisément de qui n'est pas instruit ;
Mais vous....
CHRISALDE.
            Soit. Là-dessus nous n'aurons point de bruit,
Et je prendrai le soin d'accoutumer ma bouche
A ne plus vous nommer que Monsieur de la Souche.

ARNOLPHE.
Adieu. Je frappe ici pour donner le bon jour,
Et dire seulement que je suis de retour.
CHRISALDE à part, s'en allant.
Ma foi, je le tiens fou de toutes les manieres.
ARNOLPHE seul.
Il est un peu blessé sur certaines matieres.
Chose étrange de voir, comme avec passion,
Un chacun est chauffé de son opinion !
(Il frappe à sa porte.)
Holà.

SCENE II.

ARNOLPHE, ALAIN & GEORGETTE
dans la maison.

ALAIN.
Qui heurte ?
ARNOLPHE.
(à part.)
Ouvrez. On aura, que je pense,
Grande joie à me voir après dix jours d'absence.
ALAIN.
Qui va là ?
ARNOLPHE.
Moi.
ALAIN.
Georgette.
GEORGETTE.
Hé bien ?
ALAIN.
Ouvre là bas.
GEORGETTE.
Vas-y toi.

COMÉDIE.
ALAIN.
Vas-y, toi.
GEORGETTE.
Ma foi, je n'irai pas.
ALAIN.
Je n'irai pas aussi.
ARNOLPHE.
Belle cérémonie
Pour me laisser dehors ! holà ho, je vous prie.
GEORGETTE.
Qui frappe ?
ARNOLPHE.
Votre maître.
GEORGETTE.
Alain.
ALAIN.
Quoi ?
GEORGETTE.
C'est Monsieur
Ouvre vîte.
ALAIN.
Ouvre, toi.
GEORGETTE.
Je souffle notre feu.
ALAIN.
J'empêche, peur du chat que mon moineau ne sorte.
ARNOLPHE.
Quiconque de vous deux n'ouvrira pas la porte,
N'aura point à manger de plus de quatre jours.
Ah !
GEORGETTE.
Par quelle raison y venir, quand j'y cours ?
ALAIN.
Pourquoi plutôt que moi ? le plaisant stratagême !
GEORGETTE.
Ote-toi donc delà.

L'ECOLE DES FEMMES,

ALAIN.
Non, ôte-toi, toi-même.

GEORGETTE.
Je veux ouvrir la porte.

ALAIN.
Et je veux l'ouvrir, moi.

GEORGETTE.
Tu ne l'ouvriras pas.

ALAIN.
Ni toi non plus.

GEORGETTE.
Ni toi.

ARNOLPHE.
Il faut que j'aie ici l'ame bien patiente !

ALAIN *en entrant.*
Au moins c'est moi, Monsieur.

GEORGETTE *en entrant.*
Je suis votre servante ;
C'est moi.

ALAIN.
Sans le respect de Monsieur que voilà,
Je te....

ARNOLPHE *recevant un coup d'Alain.*
Peste !

ALAIN.
Pardon.

ARNOLPHE.
Voyez ce lourdeau-là.

ALAIN.
C'est elle aussi, Monsieur.

ARNOLPHE.
Que tous deux on se taise,
Songez à me répondre, & laissons la fadaise.
Hé bien, Alain, comment se porte-t-on ici :

ALAIN.
Monsieur, nous nous....
(*Arnolphe ôte le chapeau de dessus la tête d'Alain.*)
Monsieur, nous nous port....

COMÉDIE.

(Arnolphe l'ôte encore.)
Dieu merci.
Nous nous....

ARNOLPHE *ôtant le chapeau d'Alain pour la troisieme fois, & le jettant par terre.*

Qui vous apprend, impertinente bête,
A parler devant moi le chapeau sur la tête ?

ALAIN.
Vous faites bien. J'ai tort.

ARNOLPHE *à Alain.*
Faites descendre Agnès.

SCÈNE III.
ARNOLPHE, GEORGETTE.

ARNOLPHE.
Lorsque je m'en allai, fut-elle triste après ?

GEORGETTE.
Triste ? Non.

ARNOLPHE.
Non ?

GEORGETTE.
Si fait.

ARNOLPHE.
Pourquoi donc ?...

GEORGETTE.
Oui, je meure,
Elle vous croyoit voir de retour à toute heure.
Et nous n'oyions jamais passer devant chez nous,
Cheval, âne ou mulet, qu'elle ne prit pour vous.

SCENE IV.
ARNOLPHE, AGNÈS, ALAIN, GEORGETTE.

ARNOLPHE.

La besongne à la main, c'est un bon témoignage.
Hé bien, Agnès, je suis de retour du voyage?
En êtes-vous bien aise?

AGNÈS.
Oui, Monsieur, Dieu merci.

ARNOLPHE.
Et moi de vous revoir, je suis bien aise aussi.
Vous vous êtes toujours, comme on voit, bien
    portée?

AGNÈS.
Hors les puces qui m'ont la nuit inquiétée.

ARNOLPHE.
Ah! vous aurez dans peu quelqu'un pour les chasser.

AGNÈS.
Vous me ferez plaisir.

ARNOLPHE.
Je le puis bien penser.
Que faites-vous donc-là?

AGNÈS.
Je me fais des cornettes.
Vos chemises de nuit, & vos coëffes sont faites.

ARNOLPHE.
Ah! voilà qui va bien. Allez, montez là-haut,
Ne vous ennuyez point, je reviendrai tantôt;
Et je vous parlerai d'affaires importantes.

SCENE V.

COMEDIE. 241

SCENE V.
ARNOLPHE seul.

HEroïnes du tems, Mesdames les sçavantes,
Pousseuses de tendresse & de beaux sentimens,
Je défie à la fois tous vos vers, vos romans,
Vos lettres, billets doux, toute votre science,
De valoir cette honnête & pudique ignorance.
Ce n'est point par le bien qu'il faut être ébloui ;
Et pourvu que l'honneur soit....

SCENE VI.
HORACE, ARNOLPHE.

ARNOLPHE.

QUe vois-je ? Est-ce... Oui.
Je me trompe. Nenni. Si fait. Non, c'est lui-même.
Hor....

HORACE.
Seigneur Ar...

ARNOLPHE.
Horace.

HORACE.
Arnolphe.

ARNOLPHE.
Ah ! Joie extrême !
Et depuis quand ici ?

HORACE.
Depuis neuf jours.

ARNOLPHE.
Vraiment...

Tome II. L

L'ÉCOLE DES FEMMES,

HORACE.

Je fus d'abord chez vous, mais inutilement.

ARNOLPHE.

J'étois à la campagne.

HORACE.

Oui, depuis dix journées.

ARNOLPHE.

Oh ! Comme les enfans croissent en peu d'années !
J'admire de le voir au point où le voilà,
Après que je l'ai vu pas plus grand que cela.

HORACE.

Vous voyez.

ARNOLPHE.

Mais, de grace, Oronte votre pere,
Mon bon & cher ami que j'estime & révére,
Que fait-il à present ? Est-il toujours gaillard ?
A tout ce qui le touche, il sçait que je prends part ;
Nous ne nous sommes vus depuis quatre ans ensem-
  ble,
Ni, qui plus est, écrit l'un à l'autre, me semble.

HORACE.

Il est, Seigneur Arnolphe, encor plus gai que nous,
Et j'avois de sa part une lettre pour vous ;
Mais depuis par une autre il m'apprend sa venue,
Et la raison encor ne m'en est pas connue.
Sçavez-vous qui peut être un de vos citoyens,
Qui retourne en ces lieux avec beaucop de biens
Qu'il s'est en quatorze ans acquis dans l'Amérique ?

ARNOLPHE.

Non. Mais vous a-t-on dit comme on le nomme ?

HORACE.

Enrique.

ARNOLPHE.

Non.

HORACE.

Mon pere m'en parle, & qu'il est revenu,
Comme s'il devoit m'être entiérement connu ;
Et m'écrit qu'en chemin ensemble ils se vont mettre,

COMEDIE.

Pour un fait important que ne dit pas sa lettre.
(*Horace remet la lettre d'Oronte à Arnolphe.*)

ARNOLPHE.

J'aurai certainement grande joie à le voir,
Et pour le régaler je ferai mon pouvoir.
(*Après avoir lu la lettre.*)
Il faut pour les amis des lettres moins civiles,
Et tous ces complimens sont choses inutiles.
Sans qu'il prît le souci de m'en écrire rien,
Vous pouvez librement disposer de mon bien.

HORACE.

Je suis homme à saisir les gens par leurs paroles,
Et j'ai presentement besoin de cent pistoles.

ARNOLPHE.

Ma foi, c'est m'obliger, que d'en user ainsi,
Et je me réjouis de les avoir ici.
Gardez aussi la bourse.

HORACE.

Il faut...

ARNOLPHE.

Laissons ce style,
Hé bien, comment encor trouvez-vous cette ville?

HORACE.

Nombreuse en citoyens, superbe en bâtimens,
Et j'en crois merveilleux les divertissemens.

ARNOLPHE.

Chacun a ses plaisirs qu'il se fait à sa guise ;
Mais pour ceux que du nom de galans on baptise,
Ils ont en ce pays de quoi se contenter,
Car les femmes y sont faites à coqueter,
On trouve d'humeur douce, & la brune & la blonde,
Et les maris aussi les plus benins du monde ;
C'est un plaisir de Prince, &, des tours que je voi,
Je me donne souvent la comédie à moi.
Peut-être en avez-vous déjà féru quelqu'une.
Vous est-il point encore arrivé de fortune ?
Les gens faits comme vous font plus que les écus ;
Et vous êtes de taille à faire des cocus.

HORACE.

A ne vous rien cacher de la vérité pure,
J'ai d'amour en ces lieux eu certaine aventure ;
Et l'amitié m'oblige à vous en faire part.

ARNOLPHE *à part.*

Bon. Voici de nouveau quelque conte gaillard,
Et ce sera de quoi mettre sur mes tablettes.

HORACE.

Mais, de grace, qu'au moins ces choses soient secrettes.

ARNOLPHE.

Oh !

HORACE.

Vous n'ignorez pas qu'en ces occasions,
Un secret éventé rompt nos prétentions.
Je vous avouerai donc avec pleine franchise,
Qu'ici d'une beauté mon ame s'est éprise.
Mes petits soins d'abord ont eu tant de succès
Que je me suis chez elle ouvert un double accès,
Et, sans trop me vanter, ni lui faire une injure,
Mes affaires y sont en fort bonne posture.

ARNOLPHE *en riant.*

Et c'est ?

HORACE *lui montrant le logis d'Agnès.*

Un jeune objet qui loge en ce logis,
Dont vous voyez d'ici que les murs sont rougis ;
Simple à la vérité, par l'erreur sans-seconde
D'un homme qui la cache au commerce du monde ;
Mais qui, dans l'ignorance où l'on veut l'asservir,
Fait briller des attraits capables de ravir,
Un air tout engageant, je ne sçai quoi de tendre,
Dont il n'est point de cœur qui se puisse défendre,
Mais peut-être il n'est pas que vous n'ayez bien vu
Ce jeune astre d'amour de tant d'attraits pourvu ;
C'est Agnès qu'on l'appelle.

ARNOLPHE *à part.*

Ah ! Je creve.

HORACE.

Pour l'homme.

COMEDIE.

C'eſt, je crois, de la Zouſſe, ou Source qu'on le
  nomme.
Je ne me ſuis pas fort arrêté ſur le nom ;
Riche à ce qu'on m'a dit ; mais des plus ſenſés, non ;
Et l'on m'en a parlé comme d'un ridicule.
Le connoiſſez-vous point ?

ARNOLPHE à part.
La fâcheuſe pilule !

HORACE.
Hé ! Vous ne dites mot ?

ARNOLPHE.
Et oui je le connois.

HORACE.
C'eſt un fou, n'eſt-ce pas ?

ARNOLPHE.
Hé...

HORACE.
Qu'en dites-vous ? Quoi ?
Hé, c'eſt-à-dire, oui. Jaloux à faire rire ?
Sot ? Je vois qu'il en eſt ce que l'on m'a pu dire.
Enfin l'aimable Agnès a ſçu m'aſſujettir,
C'eſt un joli bijou, pour ne vous point mentir ;
Et ce ſeroit péché, qu'une beauté ſi rare
Fût laiſſée au pouvoir de cet homme bizarre.
Pour moi, tous mes efforts, tous mes vœux les plus
  doux
Vont à m'en rendre maître en dépit du jaloux ;
Et l'argent que de vous j'emprunte avec franchiſe,
N'eſt que pour mettre à bout cette juſte entrepriſe.
Vous ſçavez mieux que moi, quelques ſoient nos
  efforts,
Que l'argent eſt la clef de tous les grands reſſorts,
Et que ce doux métal qui frappe tant de têtes,
En amour, comme en guerre, avance les conquêtes.
Vous me ſemblez chagrin. Seroit-ce qu'en effet
Vous déſapprouveriez le deſſein que j'ai fait ?

ARNOLPHE.
Non, c'eſt que je ſongeois...

HORACE.

Cet entretien vous lasse.
Adieu. J'irai chez vous tantôt, vous rendre grace.

ARNOLPHE se croyant seul.

Ah! Faut-il...

HORACE revenant.

Derechef, veuillez être discret,
Et n'allez pas, de grace, évanter mon secret.

ARNOLPHE se croyant seul.

Que je sens dans mon ame...

HORACE revenant.

Et sur-tout à mon pere,
Qui s'en feroit peut-être un sujet de colere.

ARNOLPHE croyant qu'Horace revient encore.

Oh...

SCENE VII.

ARNOLPHE seul.

OH, que j'ai souffert durant cet entretien!
Jamais trouble d'esprit ne fut égal au mien.
Avec quelle imprudence, & quelle hâte extrême,
Il m'est venu conter cette affaire à moi-même!
Bien que mon autre nom le tienne dans l'erreur,
Étourdi montra-t-il jamais tant de fureur?
Mais ayant tant souffert, je devois me contraindre
Jusques à m'éclaircir de ce que je dois craindre,
A pousser jusqu'au bout son caquet indiscret.
Et sçavoir pleinement leur commerce secret.
Tâchons de le rejoindre, il n'est pas loin, je pense?
Tirons-en de ce fait l'entiere confidence.
Je tremble du malheur qui m'en peut arriver.
Et l'on cherche souvent plus qu'on ne veut trouver.

Fin du premier Acte.

ACTE II.

SCÈNE PREMIERE.
ARNOLPHE.

IL m'est, lorsque j'y pense, avantageux sans doute
D'avoir perdu mes pas, & pu manquer sa route :
Car enfin, de mon cœur, le trouble impérieux
N'eût pu se renfermer tout entier à ses yeux,
Il eût fait éclater l'ennui qui me dévore ?
Et je ne voudrois pas qu'il sçut ce qu'il ignore.
Mais je ne suis pas homme à gober le morceau,
Et laisser un champ libre aux jeux d'un dam oiseau ;
J'en veux rompre le cours, &, sans tarder, ap-
 prendre
Jusqu'où l'intelligence entr'eux a pu s'étendre :
J'y prends pour mon honneur un notable intérêt ;
Je la regarde en femme, aux termes qu'elle en est ;
Elle n'a pu faillir sans me couvrir de honte,
Et tout ce qu'elle fait enfin, est sur mon compte.
Éloignement fatal ! Voyage malheureux !
    (*Il frappe à sa porte.*)

SCENE II.
ARNOLPHE, ALAIN, GEORGETTE.

ALAIN.

AH! Monsieur, cette fois...
ARNOLPHE.
Paix, venez-ça tous deux,
Passez-là, passez-là. Venez-là, venez dis-je.
GEORGETTE.
Ah! Vous me faites peur, & tout mon sang, se fige.
ARNOLPHE.
C'est donc ainsi qu'absent, vous m'avez obéi ?
Et, tous deux de concert, vous m'avez donc trahi ?
GEORGETTE *tombant aux genoux d'Arnolphe.*
Hé! ne me mangez pas, Monsieur, je vous conjure.
ALAIN *à part.*
Quelque chien enragé l'a mordu, je m'assure.
ARNOLPHE *à part.*
Ouf. Je ne puis parler, tant je suis prévenu ;
Je suffoque, & voudrois me pouvoir mettre nud.
  (*à Alain & à Georgette.*)
Vous avez donc souffert, ô canaille maudite,
  (*à Alain qui veut s'enfuir.*)
Qu'un homme soit venu... Tu veux prendre la fuite ?
  (*à Georgette.*)
Il faut que sur le champ... Si tu bouges... Je veux
  (*à Alain*)
Que vous me disiez... Hé! Oui, je veux que tous deux....

COMEDIE.

(*Alain & Georgette se levent & veulent encore s'en-*
fuir.)
Quiconque remuera, par la mort, je l'assomme.
Comme est-ce que chez-moi, s'est introduit cet
   homme ?
Hé, parlez. Dépêchez, vîte, promptement, tôt,
Sans rêver, veut-on dire ;
     A L A I N & G E O R G E T T E.
              Ah, ah !
GEORGETTE *retombant aux genoux d'Arnolphe*
              Le cœur me faut.
   ALAIN *retombant aux genoux d'Arnolphe.*
Je meurs.
     A R N O L P H E *à part.*
     Je suis en eau : prenons un peu d'haleine :
Il faut que je m'évente, & que je me promene.
Aurois-je deviné, quand je l'ai vu petit !
Qu'il croîtroit pour cela ? Ciel ! Que mon cœur
   pâtit !
Je pense qu'il vaut mieux que de sa propre bouche
Je tire avec douceur l'affaire qui me touche.
Tâchons à modérer notre ressentiment ;
Patience, mon cœur, doucement, doucement.
   (*à Alain & à Georgette.*)
Levez-vous, & rentrant faites qu'Agnès descende.
       (*à part.*)
Arrêtez. Sa surprise en deviendroit moins grande,
Du chagrin qui me trouble, ils iroient l'avertir,
Et moi-même je veux l'aller faire sortir.
   (*à Alain & à Georgette.*)
Que l'on m'attende ici.

SCENE III.
ALAIN, GEORGETTE.
GEORGETTE.

Mon Dieu, qu'il est terrible ?
Ses regards m'ont fait peur, mais une peur horrible,
Et jamais je ne vis un plus hideux chrétien.
ALAIN.
Ce monsieur l'a fâché, je te le disois bien.
GEORGETTE.
Mais que diantre est-ce-là, qu'avec tant de rudesse
Il nous fait au logis garder notre maîtresse ;
D'où vient qu'à tout le monde il veut tant la cacher,
Et qu'il ne sçauroit voir personne en approcher ?
ALAIN.
C'est que cette action le met en jalousie.
GEORGETTE.
Mais d'où vient qu'il est pris de cette fantaisie ?
ALAIN.
Cela vient... Cela vient de ce qu'il est jaloux.
GEORGETTE.
Oui, mais pourquoi l'est-il ? Et pourquoi ce courroux ?
ALAIN.
C'est que la jalousie... Entends-tu bien, Georgette,
Et une chose... là... qui fait qu'on s'inquiette...
Et qui chasse les gens d'autour d'une maison.
Je m'en vais te bailler une comparaison,
Afin de concevoir la chose davantage.
Dis-moi, n'est-il pas vrai, quand tu viens ton potage,

COMEDIE.

Que si quelque affamé venoit pour en manger,
Tu serois en colere, & voudrois le charger ?

GEORGETTE.
Oui, je comprends cela.

ALAIN.
C'est justement tout comme
La femme est en effet le potage de l'homme,
Et quand un homme voit d'autres hommes par fois,
Qui veulent dans sa soupe aller tremper leurs doigts,
Il en montre aussi-tôt une colere extrême.

GEORGETTE.
Oui ; mais pourquoi chacun n'en fait-il pas de
 même ?
Et que nous en voyons qui paroissent joyeux,
Lorsque leurs femmes sont avec les beaux Monsieux ?

ALAIN.
C'est que chacun n'a pas cette amitié goulue
Qui n'en veut que pour soi.

GEORGETTE.
Si je n'ai la berlue,
Je le vois qui revient.

ALAIN.
Tes yeux sont bons, c'est lui.

GEORGETTE.
Vois comme il est chagrin.

ALAIN.
C'est qu'il a de l'ennui.

SCENE IV.
ARNOLPHE, ALAIN, GEORGETTE.

ARNOLPHE à part.

Un certain Grec disoit à l'Empereur Auguste,
Comme une instruction utile, autant que juste,

Lorsqu'une aventure en colere nous met,
Nous devons, avant tout, dire notre alphabet;
Afin que dans ce tems la bile se tempere,
Et qu'on ne fasse rien que l'on ne doive faire.
J'ai suivi sa leçon sur le sujet d'Agnès,
Et je la fais venir dans ce lieu tout exprès
Sous prétexte d'y faire un tour de promenade,
Afin que les soupçons de mon esprit malade
Puissent sur le discours la mettre adroitement,
Et, lui sondant le cœur, s'éclaircir doucement.

SCENE V.
ARNOLPHE, AGNÈS, ALAIN, GEORGETTE.

ARNOLPHE.

Venez Agnès.
(*à Alain & à Georgette.*)
Rentrez.

SCENE VI.
ARNOLPHE, AGNÈS.

ARNOLPHE.

La promenade est belle

AGNÈS.

Fort belle.

ARNOLPHE.

Le beau jour!

AGNÈS.

Fort beau.

COMEDIE.

ARNOLPHE.

Quelle nouvelle ?

AGNÈS.

Le petit chat est mort.

ARNOLPHE.

C'est dommage ; mais quoi ?
Nous sommes tous mortels, & chacun est pour soi.
Lorsque j'étois aux champs, n'a-t-il point fait de
　pluie ?

AGNÈS.

Non.

ARNOLPHE.

Vous ennuyoit-il ?

AGNÈS.

Jamais je ne m'ennuie.

ARNOLPHE.

Qu'avez-vous fait encor ces neuf ou dix jours-ci ?

AGNÈS.

Six chemises, je pense, & six coëffes aussi.

ARNOLPHE *après avoir un peu rêvé.*

Le monde, chere Agnès, est une étrange chose.
Voyez la médisance, & comme chacun cause.
Quelques voisins m'ont dit qu'un jeune homme inconnu
Etoit en mon absence à la maison venu,
Que vous aviez souffert sa vue & ses harangues ;
Mais je n'ai point pris foi sur ces méchantes langues,
Et j'ai voulu gager que c'étoit faussement...

AGNÈS.

Mon Dieu, ne gagez pas, vous perdriez vraiment.

ARNOLPHE.

Quoi ! C'est la vérité qu'un homme...

AGNÈS.

Chose sûre.
Il n'a presque bougé de chez nous, je vous jure.

ARNOLPHE *bas à part.*

Cet aveu qu'elle fait avec sincérité

Me marque pour le moins ſon ingénuité.
   (*haut.*)
Mais il me ſemble, Agnès, ſi ma mémoire eſt bonne,
Que j'avois défendu que vous viſſiez perſonne.
   AGNÈS.
Oui ; mais quand je l'ai vu, vous ignoriez pourquoi,
Et vous en auriez fait, ſans doute, autant que moi.
   ARNOLPHE.
Peut-être.. Mais enfin contez-moi cette hiſtoire.
   AGNÈS.
Elle eſt fort étonnante & difficile à croire;.
J'étois ſur le balcon à travailler au frais,
Lorſque je vis paſſer ſous les arbres d'auprès
Un jeune homme bien fait, qui, rencontrant ma vue,
D'une humble révérence auſſi-tôt me ſalue :
Moi, pour ne point manquer à la civilité,
Je fis la révérence auſſi de mon côté.
Soudain il me refait une autre révérence :
Moi, j'en refais de même une autre en diligence;
Et lui d'une troiſieme auſſi-tôt repartant,
D'une troiſieme auſſi j'y repars à l'inſtant.
Il paſſe, vient repaſſe, & toujours de plus belle.
Me fait à chaque fois révérence nouvelle,
Et moi, qui tous ces tours fixement regardois,
Nouvelle révérence auſſi je lui rendois :
Tant que, ſi ſur ce point la nuit ne fût venue,
Toujours comme cela je me ferois tenue,
Ne voulant point céder, ni recevoir l'ennui,
Qu'il me pût eſtimer moins civile que lui.
   ARNOLPHE.
Fort bien.
   AGNÈS.
      Le lendemain, étant ſur notre porte,
Une vieille m'aborde en parlant de la ſorte :
Mon enfant, le bon Dieu puiſſe-t-il vous bénir,
Et dans tout vos attraits long-tems vous maintenir?

COMEDIE.

Il ne vous a pas faite une belle perſonne,
Afin de mal-uſer des choſes qu'il vous donne;
Et vous devez ſçavoir que vous avez bleſſé
Un cœur, qui de s'en plaindre eſt aujourd'hui forcé.

ARNOLPHE à part.
Ah! Suppôt de Satan, exécrable damnée!

AGNÈS.
Moi, j'ai bleſſé quelqu'un? fis-je toute étonnée.
Oui, dit-elle, *bleſſé, mais bleſſé tout de bon,*
Et c'eſt l'homme qu'hier vous vîtes du balcon.
Hélas! Qui pourroit, dis-je, en avoir été cauſe?
Sur lui, ſans y penſer, fis-je cheoir quelque choſe?
Non, dit-elle, *vos yeux ont fait ce coup fatal,*
Et c'eſt de leurs regards qu'eſt venu tout ſon mal.
Hé, mon Dieu! Ma ſurpriſe eſt, fis-je, ſans ſeconde;
Mes yeux ont-ils du mal pour en donner au monde?
Oui, fit-elle, *vos yeux, pour cauſer le trépas,*
Ma fille, ont un venin que vous ne ſçavez pas.
En un mot, il languit le pauvre miſérable;
Et s'il faut, pourſuivit la veille charitable,
Que votre cruauté lui refuſe un ſecours,
C'eſt un homme à porter en terre dans deux jours.
Mon Dieu! J'en aurois, dis-je, une douleur bien grande.
Mais pour le ſecourir, qu'eſt-ce qu'il me demande?
Mon enfant, me dit-elle, *il ne veut obtenir*
Que le bien de vous voir & vous entretenir;
Vos yeux peuvent eux ſeuls empêcher ſa ruine,
Et du mal qu'ils ont fait être la médecine.
Hélas! Volontiers, dis-je, & puiſqu'il eſt ainſi,
Il peut tant qu'il voudra me venir voir ici.

ARNOLPHE à part.
Ah! Sorciere maudite, empoiſonneuſe d'âmes,
Puiſſe l'enfer payer tes charitables trames!

AGNÈS.
Voilà comme il me vit, &, reçut guériſon.
Vous-même, à votre avis, n'ai-je pas eu raiſon?

Et pouvois-je après tout avoir la conscience
De le laisser mourir faute d'une assistance ?
Moi, qui compatis tant aux gens qu'on fait souf-
 frir.
Et ne puis, sans pleurer, voir un poulet mourir.

ARNOLPHE *bas à part.*

Tout cela n'est parti que d'une ame innocente ;
Et j'en dois accuser mon absence imprudente,
Qui sans guide a laissé cette bonté de mœurs
Exposée aux aguets des rusés séducteurs.
Je crains que le pendard, dans ses vœux témérai-
 res,
Un peu plus fort que jeu n'ait poussé les affaires.

AGNÈS.

Qu'avez-vous ? Vous grondez, ce me semble, un
 petit :
Est-ce que c'est mal fait ce que je vous ai dit ?

ARNOLPHE.

Non. Mais de cette vue apprenez-moi les suites,
Et comme le jeune homme a passé ses visites.

AGNÈS.

Hélas ! Si vous sçaviez comme il étoit ravi ;
Comme il perdit son mal si-tôt que je le vi.
Le present qu'il m'a fait d'une belle cassette,
Et l'argent qu'en ont eu notre Alain & Georgette,
Vous l'aimeriez sans doute, & diriez comme nous.

ARNOLPHE.

Oui. Mais que faisoit-il étant seul avec vous ?

AGNÈS.

Il disoit qu'il m'aimoit d'un amour sans seconde,
Et me disoit des mots les plus gentils du monde,
Des choses que jamais rien ne peut égaler,
Et dont, toutes les fois que je l'entends parler,
La douceur me chatouille, & là dedans remue
Certain je ne sçais quoi, dont je suis toute émue.

ARNOLPHE *bas à part.*

O fâcheux examen d'un myftere fatal,
Où l'examinateur souffre seul tout le mal !

(*haut.*)
Outre tous ces discours, toutes ces gentillesses
Ne vous faisoit-il point aussi quelques caresses?
AGNÈS.
Oh! tant. Il me prenoit & les mains & les bras,
Et de me les baiser il n'étoit jamais las.
ARNOLPHE.
Ne vous a-t-il point pris Agnès, quelqu'autre chose?

(*La voyant interdite.*)
Ouf.
AGNÈS.
Hé, il m'a....
ARNOLPHE.
Quoi?
AGNÈS.
Pris...
ARNOLPHE.
Hé?
AGNÈS.
Le....
ARNOLPHE.
Plaît-il?
AGNÈS.
Je n'ose;
Et vous vous fâcherez peut-être contre moi.
ARNOLPHE.
Non.
AGNÈS.
Si fait.
ARNOLPHE.
Mon Dieu! non.
AGNÈS.
Jurez donc votre foi.
ARNOLPHE.
Ma foi, soit.
AGNÈS.
Il m'a pris.... Vous serez en colere.

ARNOLPHE.
Non.
AGNÈS.
Si.
ARNOLPHE.
Non, non, non, non. Diantre, que de myſtere !
Qu'eſt-ce qu'il vous a pris ?
AGNÈS.
Il....
ARNOLPHE à part.
Je ſouffre en damné,
AGNÈS.
Il m'a pris le ruban que vous m'aviez donné ;
A vous dire le vrai, je n'ai pu m'en défendre.
ARNOLPHE reprenant haleine.
Paſſe pour le ruban. Mais je voulois apprendre,
S'il ne vous a rien fait que vous baiſer les bras.
AGNÈS.
Comment ? Eſt-ce qu'on fait d'autres choſes ?
ARNOLPHE.
Non pas.
Mais, pour guérir du mal qu'il dit qui le poſſede,
N'a-t-il pas exigé de vous d'autre remede ?
AGNÈS.
Non. Vous pouvez juger, s'il en eût demandé,
Que pour le ſecourir, j'aurois tout accordé.
ARNOLPHE bas à part.
Graces aux bontés du ciel, j'en ſuis quitte à bon
 compte.
Si j'y retombe plus, je veux bien qu'on m'affronte.
 (haut.)
Chut. De votre innocence, Agnès, c'eſt un effet,
Je ne vous en dis mot. Ce qui s'eſt fait, eſt fait.
Je ſçais qu'en vous flattant, le galant ne deſire.
Que de vous abuſer, & puis après s'en rire.
AGNÈS.
Oh ! Point. Il me l'a dit plus de vingt fois à moi.

COMEDIE.

ARNOLPHE.

Ah! Vous ne sçavez pas ce que c'est que sa foi.
Mais enfin apprenez qu'accepter des cassettes,
Et de ces beaux blondins écouter les sornettes,
Que se laisser par eux, à force de langueur,
Baiser ainsi les mains & chatouiller le cœur,
Est un péché mortel des plus gros qu'il se fasse.

AGNÈS.

Un péché, dites-vous ? Et la raison de grace ?

ARNOLPHE.

La raison ? La raison est l'Arrêt prononcé,
Que par ces actions le ciel est courroucé.

AGNÈS.

Courroucé ! Mais pourquoi faut-il qu'il s'en cour-
rouce ?
C'est une chose, hélas ! si plaisante & si douce.
J'admire quelle joie on goûte à tout cela,
Et je ne sçavois point encor ces choses-là.

ARNOLPHE.

Oui, c'est un grand plaisir que toutes ces tendresses,
Ces propos si gentils, & ses douces caresses;
Mais il faut le goûter en toute honnêteté,
Et, qu'en se mariant, le crime en soit ôté.

AGNÈS.

N'est-ce plus un péché lorsque l'on se marie ?

ARNOLPHE.

Non.

AGNÈS.

Mariez-moi donc promptement, je vous prie.

ARNOLPHE.

Si vous le souhaitez, je le souhaite aussi,
Et pour vous marier on me revoit ici.

AGNÈS.

Est-il possible ?

ARNOLPHE.

Oui.

AGNÈS.

Que vous me ferez aise !

ARNOLPHE.
Oui, je ne doute point que l'hymen ne vous plaise.
AGNÈS.
Vous nous voulez, nous deux.....
ARNOLPHE.
Rien de plus assuré.
AGNÈS.
Que, si cela se fait, je vous caresserai.
ARNOLPHE.
Hé, la chose sera de ma part réciproque.
AGNÈS.
Je ne reconnois point, pour moi, quand on se moque,
Parlez-vous tout de bon ?
ARNOLPHE.
Oui, vous le pourrez voir.
AGNÈS.
Nous ferons mariés ?
ARNOLPHE.
Oui.
AGNÈS.
Mais quand ?
ARNOLPHE.
Dès ce soir.
AGNÈS *riant*.
Dès ce soir.
ARNOLPHE.
Dès ce soir. Cela vous fait donc rire ?
AGNÈS.
Oui.
ARNOLPHE.
Vous voir bien contente est ce que je desire
AGNÈS.
Helas, que je vous ai grande obligation,
Et qu'avec lui j'aurai de satisfaction !
ARNOLPHE.
Avec qui ?

COMEDIE.

AGNÈS.

Avec..... Là.....

ARNOLPHE.

Là... Là n'est pas mon compte.
A choisir un mari vous êtes un peu prompte,
C'est un autre, en un mot, que je vous tiens tout prêt;
Et quant au Monsieur, là, je prétends, s'il vous plaît,
Dût le mettre au tombeau le mal dont il vous berce,
Qu'avec lui désormais vous rompiez tout commerce,
Que; venant au logis, pour votre compliment
Vous lui fermiez au nez la porte honnêtement,
Et lui jettant, s'il heurte, un grès par la fenêtre,
L'obligiez tout de bon à ne plus y paroître.
M'entendez-vous, Agnès ? Moi, caché dans un coin,
De votre procédé je serai le témoin.

AGNÈS.

Las ! il est si bien fait. C'est.....

ARNOLPHE.

Ah ! Que de langage !

AGNÈS.

Je n'aurai pas le cœur.....

ARNOLPHE.

Point de bruit davantage !
Montez là-haut.

AGNÈS.

Mais, quoi ? voulez-vous....

ARNOLPHE.

C'est assez,
Je suis maître, je parle, allez, obéissez.

Fin du second Acte.

ACTE III.

SCENE PREMIERE.
ARNOLPHE, AGNÈS, ALAIN, GEORGETTE.

ARNOLPHE.

Oui, tout a bien été, ma joie est sans pareille,
Vous avez-là suivi mes ordres à merveille,
Confondu de tout point le blondin séducteur,
Et voilà de quoi sert un sage directeur.
Votre innocence, Agnès, avoit été surprise :
Voyez, sans y penser, où vous vous étiez mise.
Vous enfiliez tout droit, sans mon instruction,
Le grand chemin d'enfer & de perdition.
De tous ces damoiseaux on sçait trop les coutumes,
Ils ont de beaux canons, force rubans & plumes,
Grands cheveux, belles dents, & des propos fort
    doux ;
Mais, comme je vous dis, la griffe est là-dessous,
Et ce sont vrais satans, dont la gueule altérée
De l'honneur féminin cherche à faire curée :
Mais encore une fois, grace au soin apporté,
Vous en êtes sortie avec honnêteté.
L'air dont je vous ai vu lui jetter cette pierre
Qui de tous ses desseins a mis l'espoir par terre,
Me confirme encor mieux à ne point différer
Les noces, où je dis qu'il vous faut préparer.
Mais avant toute chose, il est bon de vous faire
Quelque petit discours qui vous soit salutaire.
                        (à Georgette & à Alain.)
Un siege au frais ici. Vous, si jamais en rien....

COMEDIE.   263

GEORGETTE.
De toutes vos leçons nous nous souviendrons bien.
Cet autre Monsieur-là nous en faisoit accroire:
Mais....

ALAIN.
S'il entre jamais, je veux jamais ne boire.
Aussi-bien est-ce un sot, il nous a l'autre fois
Donné deux écus d'or qui n'étoient point de poids.

ARNOLPHE.
Ayez donc pour souper tout ce que je desire,
Et pour notre contrat, comme je viens de dire,
Faites venir ici l'un ou l'autre au retour
Le Notaire qui loge au coin du carrefour.

SCENE II.

ARNOLPHE, AGNÈS.

ARNOLPHE *assis.*

Agnès, pour m'écouter, laissez-là votre ouvrage,
Levez un peu la tête, & tournez le visage;
    (*mettant le doigt sur son front.*)
Là, regardez-moi-là durant cet entretien;
Et, jusqu'au moindre mot, imprimez-le vous bien.
Je vous épouse, Agnès, & cent fois la journée,
Vous devez benir l'heur de votre destinée,
Contempler la bassesse où vous avez été,
Et dans le même-tems admirer ma bonté
Qui, de ce vil état de pauvre villageoise,
Vous fait monter au rang d'honorable bourgeoise,
Et jouir de la couche & des embrassemens
D'un homme qui fuyoit tous ces engagemens,
Et dont, à vingt partis fort capables de plaire,
Le cœur a refusé l'honneur qu'il vous veut faire.
Vous devez toujours, dis-je, avoir devant les yeux

Le peu que vous étiez fans ce nœud glorieux,
Afin que cet objet d'autant mieux vous inftruife
A mériter l'état où je vous aurai mife,
A toujours vous connoître, & faire qu'à jamais
Je puiffe me louer de l'Acte que je fais.
Le mariage, Agnès, n'eft pas un badinage,
A d'aufteres devoirs le rang de femme engage,
Et vous n'y montez pas, à ce que je prétends,
Pour être libertine & prendre du bon tems.
Votre fexe n'eft-là que pour la dépendance.
Du côté de la barbe eft la toute-puiffance.
Bien qu'on foit deux moitiés de la fociété,
Ces deux moitiés pourtant n'ont point d'égalité:
L'une eft moitié fuprême, & l'autre fubalterne;
L'une eft en tout foumife à l'autre qui gouverne;
Et, ce que le foldat dans fon devoir inftruit
Montre d'obéiffance au chef qui le conduit,
Le valet à fon maître, un enfant à fon pere,
A fon fupérieur le moindre petit frere,
N'approche point encor de la docilité,
Et de l'obéiffance, & de l'humilité,
Et du profond refpect où la femme doit être
Pour fon mari, fon chef, fon feigneur, & fon maître;
Lorfqu'il jette fur elle un regard férieux,
Son devoir auffi-tôt eft de baiffer les yeux,
Et de n'ofer jamais le regarder en face,
Que quand d'un doux regard il lui veut faire grace.
C'eft ce qu'entendent mal les femmes d'aujour-
d'hui ;
Mais ne vous gâtez pas fur l'exemple d'autrui.
Gardez-vous d'imiter ces coquettes vilaines
Dont par toute la ville on chante les fredaines,
Et de vous laiffer prendre aux affauts du malin,
C'eft-à-dire, d'ouir aucun jeune blondin.
Songez qu'en vous faifant moitié de ma perfonne,
C'eft mon honneur, Agnès, que je vous abandonne;
Que cet honneur eft tendre, & fe bleffe de peu,
Que fur un tel fujet il ne faut point de jeu,

Et

COMEDIE.

Et qu'il est aux enfers des chaudieres bouillantes,
Où l'on plonge à jamais les femmes mal vivantes.
Ce que je vous dis-là, ne sont pas des chansons,
Et vous devez du cœur dévorer ces leçons.
Si votre ame les suit, & fuit d'être coquette,
Elle sera toujours comme un lys, blanche & nette,
Mais, s'il faut qu'à l'honneur elle fasse un faux bond,
Elle deviendra lors noire comme un charbon,
Vous paroîtrez à tous un objet effroyable,
Et vous irez un jour, vrai partage du diable,
Bouillir dans les enfers à toute éternité,
Dont vous veuille garder la céleste bonté.
Faites la révérence. Ainsi qu'une novice
Par cœur dans le couvent doit savoir son office.
Entrant au mariage il en faut faire autant :
Et voici dans ma poche un écrit important
Qui vous enseignera l'office de la femme,
J'en ignore l'auteur ; mais c'est quelque bonne ame,
Et je veux que ce soit votre unique entretien.
    (*il se leve.*)
Tenez. Voyons un peu si vous le lirez bien.
   AGNÈS *lit.*

LES MAXIMES DU MARIAGE
OU
LES DEVOIRS DE LA FEMME MARIÉE,
Avec son exercice journalier.

I. MAXIME.

Celle qu'un lien honnéte
Fait entrer au lit d'autrui,
Doit se mettre dans la téte,
Malgré le train d'aujourd'hui,
Que l'homme qui la prend ne la prend que pour lui.
   ARNOLPHE.
Je vous expliquerai ce que cela veut dire :
Mais pour l'heure presente il ne faut rien que lire.

AGNÈS *poursuit.*
II MAXIME.
Elle ne se doit parer
Qu'autant que peut desirer
Le mari qui la possede ;
C'est lui que touche seul le soin de sa beauté ;
Et pour rien doit être compté,
Que les autres la trouvent laide.
III. MAXIME.
Loin ces études d'œillades,
Ces eaux, ces blancs, ces pommades,
Et mille ingrédiens qui font des teins fleuris ;
A l'honneur, tous les jours ce sont drogues mortelles,
Et les soins de paroître belles
Se prennent peu pour les maris.
IV. MAXIME.
Sous sa coëffe en sortant, comme l'honneur l'ordonne,
Il faut que de ses yeux elle étouffe les coups ;
Car pour bien plaire à son époux,
Elle ne doit plaire à personne.
V. MAXIME.
Hors ceux dont au mari la visite se rend,
La bonne regle défend,
De recevoir aucune ame ;
Ceux qui de galante humeur,
N'ont affaire qu'à Madame ;
N'accommodent pas Monsieur.
VI. MAXIME.
Il faut des presens des hommes,
Qu'elle se défende bien ;
Car dans le siecle où nous sommes,
On ne donne rien pour rien.
VII. MAXIME.
Dans ses meubles, dût-elle en avoir de l'ennui,
Il ne faut écritoire, encre, papier, ni plumes :
Le mari doit, dans les bonnes coutumes,
Ecrire tout ce qui s'écrit chez lui.

VIII. MAXIME.

Ces sociétés déréglées,
Qu'on nomme belles assemblées,
Des femmes tous les jours corrompent les esprits;
En bonne politique on les doit interdire:
Car c'est-là que l'on conspire
Contre les pauvres maris.

IX. MAXIME.

Toute femme qui veut à l'honneur se vouer,
Doit se défendre de jouer,
Comme d'une chose funeste:
Car le jeu fort décevant
Pousse une femme souvent
A jouer de tout son reste.

X. MAXIME.

Des promenades du tems,
Ou repas qu'on donne aux champs,
Il ne faut point qu'elle essaie.
Selon les prudens cervaux,
Le mari dans ces cadeaux
Est toujours celui qui paie.

XI. MAXIME.

ARNOLPHE.

Vous acheverez seule, &, pas à pas, tantôt
Je vous expliquerai ces choses comme il faut.
Je me suis souvenu d'une petite affaire:
Je n'ai qu'un mot à dire, & ne tarderai guere.
Rentrez, & conservez ce livre chérement.
Si le Notaire vient, qu'il m'attende un moment.

SCENE III.

ARNOLPHE *seul*.

JE ne puis faire mieux que d'en faire ma femme.
Ainsi que je voudrai, je tournerai cette ame ;
Comme un morceau de cire entre mes mains elle est,
Et je lui puis donner la forme qu'il me plaît.
Il s'en est peu fallu que, durant mon absence,
On ne m'ait attrapé par son trop d'innocence ;
Mais il vaut beaucoup mieux, à dire vérité,
Que la femme qu'on a, péche de ce côté.
De ces sortes d'erreurs le remede est facile ;
Toute personne simple aux leçons est docile,
Et, si du bon chemin on la fait écarter,
Deux mots incontinent l'y peuvent rejetter.
Mais une femme habile est bien une autre bête.
Notre sort ne dépend que de sa seule tête,
De ce qu'elle s'y met rien ne la fait gauchir,
Et nos enseignemens ne font-là que blanchir :
Son bel esprit lui sert à railler nos maximes,
A se faire souvent des vertus de ses crimes,
Et trouver, pour venir à ses coupables fins,
Des détours à duper l'adresse des plus fins.
Pour se parer du coup en vain on se fatigue,
Une femme d'esprit est un diable en intrigue,
Et dès que son caprice a prononcé tout bas
L'arrêt de notre honneur, il faut passer le pas.
Beaucoup d'honnêtes gens en pourroient bien que dire.
Enfin mon étourdi n'aura pas lieu d'en rire ;
Par son trop de caquet il a ce qu'il lui faut.
Voilà de nos François l'ordinaire défaut ;
Dans la possession d'une bonne fortune,
Le secret est toujours ce qui les importune,

Et la vanité sotte a pour eux tant d'appas,
Qu'ils se pendroient plutôt que de ne causer pas.
Oh ! que les femmes sont du diable bien tentées !
Lorsqu'elles vont choisir ces têtes éventées !
Et que.... Mais le voici. Cachons-nous toujours bien,
Et découvrons un peu quel chagrin est le sien.

SCENE IV.

HORACE, ARNOLPHE.

HORACE.

JE reviens de chez vous, & le destin me montre
Qu'il n'a pas résolu que je vous y rencontre.
Mais j'irai tant de fois, qu'enfin quelque moment....
ARNOLPHE.
Hé, mon Dieu, n'entrons point dans ce vain compliment.
Rien ne me fâche tant que ses cérémonies,
Et, si l'on m'en croyoit, elles seroient bannies.
C'est un maudit usage, & la plupart des gens
Y perdent sottement les deux tiers de leur tems.
 (*Il se couvre.*)
Mettons donc, sans façon. Hé bien, vos amourettes ?
Puis-je, Seigneur Horace apprendre où vous en êtes ?
J'étois tantôt distrait par quelque vision ;
Mais depuis là-dessus j'ai fait réflexion :
De vos premiers progrès j'admire la vitesse,
Et dans l'événement mon ame s'intéresse.
HORACE.
Ma foi, depuis qu'à vous s'est découvert mon cœur
Il est à mon amour arrivé du malheur.

ARNOLPHE.
Oh, oh, comment cela?
HORACE.
     La fortune cruelle
A ramené des champs le patron de la belle.
ARNOLPHE.
Quel malheur!
HORACE.
    Et de plus, à mon très-grand regret,
Il a fu de nous deux le commerce secret.
ARNOLPHE.
D'où diantre a-t-il si-tôt appris cette aventure?
HORACE.
Je ne fais; mais enfin c'est une chose sûre.
Je penfois aller rendre, à mon heure à-peu-près,
Ma petite visite à ces jeunes attraits,
Lorsque changeant pour moi de ton & de visage,
Et servante & valet m'ont bouché le paffage;
Et d'un *Retirez-vous, vous nous importunez,*
M'ont assez rudement fermé la porte au nez.
ARNOLPHE.
La porte au nez!
HORACE.
   Au nez.
ARNOLPHE.
     La chose est un peu forte.
HORACE.
J'ai voulu leur parler au travers de la porte;
Mais à tous mes propos ce qu'ils ont répondu,
C'est, *vous n'entrerez point, Monsieur l'a défendu.*
ARNOLPHE.
Ils n'ont donc point ouvert?
HORACE.
     Non. Et de la fenêtre
Agnès m'a confirmé le retour de ce maître,
Et me chaffant delà d'un ton plein de fierté,
Accompagné d'un grès que sa main a jetté,

COMEDIE.

ALNOLPHE.

Comment d'un grès ?

HORACE.

D'un grès de taille non petite.
Dont on a par ses mains régalé ma visite.

ARNOLPHE.

Diantre ! ce ne sont pas des prunes que cela :
Et je trouve fâcheux l'état où vous voilà.

HORACE.

Il est vrai, je suis mal par ce retour funeste.

ARNOLPHE.

Certes, j'en suis fâché pour vous, je vous proteste.

HORACE.

Cet homme me rompt tout.

ARNOLPHE.

Oui ; mais cela n'est rien
Et de vous raccrocher vous trouverez moyen ?

HORACE.

Il faut bien essayer, par quelque intelligence,
De vaincre du jaloux l'exacte vigilance.

ARNOLPHE.

Cela vous est facile, & la fille, après tout,
Vous aime.

HORACE.

Assurément.

ARNOLPHE.

Vous en viendrez à bout.

HORACE.

Je l'espere.

ARNOLPHE.

Le grès vous a mis en déroute ;
Mais cela ne doit pas vous étonner.

HORACE.

Sans doute,
Et j'ai compris d'abord que mon homme étoit-là,
Qui, sans se faire voir, conduisoit tout cela.

Mais ce qui m'a furpris, & qui va vous furprendre,
C'eſt un autre incident que vous allez entendre,
Un trait hardi qu'a fait cette jeune beauté,
Et qu'on n'attendoit point de ſa ſimplicité.
Il le faut avouer, l'amour eſt un grand maître,
Ce qu'on ne fut jamais il nous enſeigne à l'être,
Et ſouvent de nos mœurs l'abſolu changement
Devient par ces leçons l'ouvrage d'un moment.
De la nature en nous il force les obſtacles,
Et ſes effets ſoudains ont de l'air des miracles.
D'un avare à l'inſtant il fait un libéral ;
Un vaillant d'un poltron ; un civil d'un brutal ;
Il rend agile à tout l'ame la plus peſante,
Et donne de l'eſprit à la plus innocente.
Oui, ce dernier miracle éclate dans Agnès ;
Car tranchant avec moi par ces termes exprès,
Retirez-vous, mon ame aux viſites renonce,
Je ſçais tous vos diſcours, & voilà ma réponſe,
Cette pierre, ou ce grès dont vous vous étonniez,
Avec un mot de lettre eſt tombée à mes pieds :
Et j'admire de voir cette lettre ajuſtée
Avec le ſens des mots, & la pierre jettée.
D'une telle action n'êtes-vous pas ſurpris ?
L'amour ſçait-il pas l'art d'aiguiſer les eſprits ?
Et peut-on me nier que ſes flammes puiſſantes
Ne faſſent dans un cœur des choſes étonnantes ?
Que dites-vous du tour, & de ce mot d'écrit ?
Hé, n'admirez-vous point cette adreſſe d'eſprit ?
Trouvez-vous pas plaiſant de voir quel perſonnage
A joué mon jaloux dans tout ce badinage ?
Dites.

ARNOLPHE.
Oui, fort plaiſant.

HORACE.
Riez-en donc un peu.
(Arnolphe rit d'un air forcé.)
Cet homme, gendarmé d'abord contre mon feu,

Qui chez lui se retranche, & de grès fait parade,
Comme si j'y voulois monter par escalade,
Qui, pour me repousser dans son bizarre effroi
Anime du dedans tous ses gens contre moi,
Et qu'abuse à ses yeux, par sa machine même,
Celle qu'il veut tenir dans l'ignorance extrême.
Pour moi, je vous l'avoue, encor que son retour
En un grand embarras jette ici mon amour,
Je tiens cela plaisant, autant qu'on sçauroit dire,
Je ne puis y songer sans de bon cœur en rire,
Et vous n'en riez pas assez à mon avis.
   ARNOLPHE *avec un ris forcé.*
Pardonnez-moi, j'en ris tout autant que je puis.
    HORACE.
Mais il faut qu'en ami je vous montre sa lettre.
Tout ce que son cœur sent, sa main a sçu l'y mettre ;
Mais en termes touchans & tous pleins de bonté,
De tendresse innocente & d'ingénuité :
De la maniere enfin que la pure nature
Exprime de l'amour la premiere blessure.
   ARNOLPHE *bas à part.*
Voilà, friponne, à quoi l'écriture te sert,
Et, contre mon dessein, l'art t'en fut découvert.
    HORACE *lit.*
Je veux vous écrire, & je suis bien en peine par où je m'y prendrai. J'ai des pensées que je desirerois que vous sçussiez ; mais je ne sçais comment faire pour vous les dire, & je me défie de mes paroles. Comme je commence à connoître qu'on m'a toujours tenue dans l'ignorance, j'ai peur de mettre quelque chose qui ne soit pas bien, & d'en dire plus que je ne devrois. En vérité je ne sçais ce que vous m'avez fait ; mais je sens que je suis fâchée à mourir de ce qu'on me fait faire contre vous, que j'aurai toutes les peines du monde à me passer de vous, & que je serois bien aise d'être à vous. Peut-être qu'il y a du mal à dire cela, mais enfin je ne puis m'empêcher de le dire, & je voudrois que cela se pût faire sans qu'il y en eût. On me dit fort que

tous les jeunes hommes sont des trompeurs, qu'il ne les faut point écouter, & que tout ce que vous me dites, n'est que pour m'abuser : mais je vous assure que je n'ai pu encore me figurer cela de vous, & je suis si touchée de vos paroles, que je ne sçaurois croire qu'elles soient menteuses. Dites-moi franchement ce qui en est : car enfin, comme je suis sans malice, vous auriez le plus grand tort du monde si vous me trompiez, & je pense que j'en mourrois de déplaisir.

ARNOLPHE *à part.*
Hon, chienne !

HORACE.
Qu'avez-vous ?

ARNOLPHE.
Moi ? Rien. C'est que je tousse.

HORACE.
Avez-vous jamais vu d'expression plus douce ?
Malgré les soins maudits d'un injuste pouvoir,
Un plus beau naturel se peut-il faire voir,
Et n'est-ce pas sans doute un crime punissable,
De gâter méchamment ce fond d'ame admirable ?
D'avoir, dans l'ignorance & la stupidité,
Voulu de cet esprit étouffer la clarté ?
L'amour a commencé d'en déchirer le voile,
Et si, par la faveur de quelque bonne étoile,
Je puis, comme j'espere, à ce franc animal,
Ce traître, ce bourreau, ce faquin, ce brutal......

ARNOLPHE.
Adieu.

HORACE.
Comment ? Si vîte ?

ARNOLPHE.
Il m'est dans la pensée
Venu tout maintenant une affaire pressée.

HORACE.
Mais ne sçauriez-vous point, comme on la tient de près,
Qui dans cette maison pourroit avoir accès ?

J'en use sans scrupule, & ce n'est pas merveille,
Qu'on se puisse, entre amis, servir à la pareille.
Je n'ai plus là-dedans que gens pour m'observer ;
Et servante & valet que je viens de trouver,
N'ont jamais, de quelque air que je m'y sois pû
 prendre,
Adouci leur rudesse à me vouloir entendre.
J'avois pour de tels coups certaine vieille en main
D'un génie, à vrai dire, au-dessus de l'humain.
Elle m'a dans l'abord servi de bonne sorte ;
Mais, depuis quatre jours, la pauvre femme est
 morte.
Ne me pourriez-vous point ouvrir quelque moyen ?
ARNOLPHE.
Non vraiment, &, sans moi, vous en trouverez bien.
HORACE.
Adieu donc. Vous voyez ce que je vous confie.

SCENE V.
ARNOLPHE *seul*.

Comme il faut devant lui que je me mortifie !
Quelle peine à cacher mon déplaisir cuisant !
Quoi, pour une innocente, un esprit si present ?
Elle a feint d'être telle à mes yeux, la traîtresse,
Où le diable à son ame a soufflé cette adresse.
Enfin me voilà mort par ce funeste écrit.
Je vois qu'il a, le traître, empaumé son esprit,
Qu'à ma suppression, il s'est encré chez elle,
Et c'est mon désespoir & ma peine mortelle.
Je souffre doublement dans le vol de son cœur,
Et l'amour y pâtit aussi-bien que l'honneur.
J'enrage de trouver cette place usurpée,
Et j'enrage de voir ma prudence trompée.
Je sçais que, pour punir son amour libertin,

Je n'ai qu'à laisser faire à son mauvais destin,
Que je serai vengé d'elle par elle-même :
Mais il est bien fâcheux de perdre ce qu'on aime.
Ciel ! Puisque pour un choix j'ai tant philosophé,
Faut-il de ses appas m'être si fort coëffé ?
Elle n'a ni parens, ni support, ni richesse,
Elle trahit mes soins, mes bontés, ma tendresse,
Et cependant je l'aime après ce lâche tour,
Jusqu'à ne me pouvoir passer de cet amour.
Sot, n'as-tu point de honte ? Ah ! je creve, j'enrage.
Et je souffleterois mille fois mon visage.
Je veux entrer un peu : mais seulement pour voir
Quelle est sa contenance après un trait si noir.
Ciel ! Faites que mon front soit exempt de disgrace ;
Ou bien, s'il est écrit qu'il faille que j'y passe,
Donnez-moi tout au moins, pour de tels accidens,
La constance qu'on voit à de certaines gens.

Fin du troisieme Acte.

ACTE IV.

SCENE PREMIERE.
ARNOLPHE.

J'Ai peine, je l'avoue, à demeurer en place,
Et de mille foucis mon efprit s'embarraffe,
Pour pouvoir mettre un ordre & dedans & dehors,
Qui du godulereau rompe tous les efforts.
De quel œil la traîtreffe a foutenu ma vue !
De tout ce qu'elle a fait elle n'eft point émue,
Et, bien qu'elle me mette à deux doigts du trépas,
On diroit à la voir qu'elle n'y touche pas.
Plus, en la regardant, je la voyois tranquille,
Plus je fentois en moi s'échauffer une bile,
Et ces bouillans tranfports dont s'enflammoit mon
    cœur,
Y fembloient redoubler mon amoureufe ardeur.
J'étois aigri, fâché, défefpéré contr'elle,
Et cependant, jamais je ne la vis fi belle;
Jamais fes yeux aux miens n'ont paru fi perçans,
Jamais je n'eus pour eux des defirs fi preffans,
Et je fens là-dedans qu'il faudra que je creve,
Si de mon trifte fort la difgrace s'acheve.
Quoi, j'aurai dirigé fon éducation
Avec tant de tendreffe & de précaution ?
Je l'aurai fait paffer chez moi dès fon enfance,
Et j'en aurai chéri la plus tendre efpérance ?
Mon cœur aura bâti fur fes attraits naiffans,
Et cru la mitonner pour moi durant treize ans,
Afin qu'un jeune fou, dont elle s'amourache,
Me la vienne enlever jufques fous la mouftache,
Lorfqu'elle eft avec moi mariée à demi ?

Non, parbleu, non, parbleu, petit sot, mon ami
Vous aurez beau tourner, on j'y perdrai mes peines,
Ou je rendrai, ma foi, vos espérances vaines,
Et de moi tout-à-fait vous ne vous rirez point.

SCENE II.
UN NOTAIRE, ARNOLPHE.

LE NOTAIRE.

AH! le voilà. Bon jour. Me voici tout à point
Pour dresser le contrat que vous souhaitez faire.

ARNOLPHE *se croyant seul, & sans voir
ni entendre le Notaire.*

Comment faire ?

LE NOTAIRE.

Il le faut dans la forme ordinaire.

ARNOLPHE *se croyant seul.*

A mes précautions je veux songer de près.

LE NOTAIRE.

Je ne passerai rien contre vos intérêts.

ARNOLPHE *se croyant seul.*

Il se faut garantir de toutes les surprises.

LE NOTAIRE.

Suffit qu'entre mes mains vos affaires soient mises ;
Il ne vous faudra point, de peur d'être déçu,
Quittancer le contrat que vous n'ayez reçu.

ARNOLPHE *se croyant seul.*

J'ai peur, si je vais faire éclater quelque chose,
Que de cet incident par la ville on ne cause.

LE NOTAIRE.

Hé bien, il est aisé d'empêcher cet éclat,
Et l'on peut en secret faire votre contrat.

ARNOLPHE *se croyant seul.*

Mais comment faudra-t-il qu'avec elle j'en sorte?

LE NOTAIRE.

Le douaire se regle au bien qu'on vous apporte.

COMEDIE.

ARNOLPHE *se croyant seul.*
Je l'aime, & cet amour est mon grand embarras.
LE NOTAIRE.
On peut avantager une femme en ce cas.
ARNOLPHE *se croyant seul.*
Quel traitement lui faire en pareille aventure ?
LE NOTAIRE.
L'ordre est que le futur doit douer la future
Du tiers de dot qu'elle a ; mais cet ordre n'est rien ;
Et l'on va plus avant lorsque l'on le veut bien.
ARNOLPHE *se croyant seul.*
Si....

(*Il apperçoit le Notaire.*)
LE NOTAIRE.
  Pour le préciput, il les regarde ensemble ;
Je dis, que le futur peut, comme bon lui semble,
Douer la future.
ARNOLPHE.
  Hé ?
LE NOTAIRE.
    Il peut l'avantager
Lorsqu'il l'aime beaucoup, & qu'il veut l'obliger ;
Et cela par douaire ou préfix qu'on appelle,
Qui demeure perdu par le trépas d'icelle,
Ou sans retour, qui va de ladite à ses hoirs,
Ou coutumier selon les différens vouloirs,
Ou par donation dans le contrat formelle,
Qu'on fait ou pure ou simple, ou qu'on fait mutuelle.
Pourquoi hausser le dos ? Est-ce qu'on parle en fat,
Et que l'on ne sait pas les formes d'un contrat ?
Qui me les apprendra ? Personne, je présume.
Sçais-je pas qu'étant joints, on est par la coutume
Communs en meubles, biens, immeubles & conquêts,
A moins que par un acte on n'y renonce exprès ?
Sçais-je pas que le tiers du bien de la future
Entre en communauté, pour....

ARNOLPHE.

Oui, c'est chose sûre,
Vous sçavez tout cela; mais qui vous en dit mot?
LE NOTAIRE.
Vous, qui me prétendez faire passer pour sot,
En me haussant l'épaule, & faisant la grimace.
ARNOLPHE.
La peste soit de l'homme, & sa chienne de face,
Adieu. C'est le moyen de vous faire finir.
LE NOTAIRE.
Pour dresser un contrat m'a-t-on pas fait venir?
ARNOLPHE.
Oui, je vous ai mandé; mais la chose est remise,
Et l'on vous mandera quand l'heure sera prise:
Voyez quel diable d'homme, avec son entretien!
LE NOTAIRE *seul*.
Je pense qu'il en tient, & je crois penser bien.

SCENE III.
LE NOTAIRE, ALAIN, GEORGETTE.

LE NOTAIRE *allant au-devant d'Alain & de Georgette*.

M'Êtes-vous pas venu querir pour votre maître?
ALAIN.
Oui.
LE NOTAIRE.
J'ignore pour qui vous pouvez le connoître;
Mais allez de ma part lui dire de ce pas
Que c'est un fou fieffé.
GEORGETTE.
Nous n'y manquerons pas.

COMÉDIE.

SCENE IV.
ARNOLPHE, ALAIN, GEORGETTE.
ALAIN.

Monsieur....
ARNOLPHE.
Approchez-vous, vous êtes mes fidelles,
Mes bons, mes vrais amis, & j'en sçai des nouvelles.
ALAIN.
Le Notaire....
ARNOLPHE.
Laissons, c'est pour quelque autre jour.
On veut à mon honneur jouer d'un mauvais tour;
Et quel affront pour vous, mes enfans, pourroit-ce être,
Si l'on avoit ôté l'honneur à votre maître?
Vous n'oseriez après paroître en nul endroit,
Et chacun, vous voyant, vous montreroit au doigt.
Donc, puisqu'autant que moi l'affaire vous regarde,
Il faut de votre part faire une telle garde,
Que ce galant ne puisse en aucune façon...
GEORGETTE.
Vous nous avez tantôt montré notre leçon.
ARNOLPHE.
Mais à ses beaux discours, gardez bien de vous rendre.
ALAIN.
Oh! Vraiment...
GEORGETTE.
Nous sçavons comme il faut s'en défendre.
ARNOLPHE.
S'il venoit doucement : Alain, mon pauvre cœur,

Par un peu de secours soulage ma langueur.
ALAIN.
Vous êtes un sot.
ARNOLPHE.
(*à Georgette.*)
Bon, Georgette ma mignonne,
Tu me parois si douce, & si bonne personne.
GEORGETTE.
Vous êtes un nigaud.
ARNOLPHE.
(*à Alain.*)
Bon. Quel mal trouves-tu
Dans un dessein honnête & tout plein de vertu?
ALAIN.
Vous êtes un fripon.
ARNOLPHE.
(*à Georgette.*)
Fort bien.. Ma mort est sûre,
Si tu ne prends pitié des peines que j'endure.
GEORGETTE.
Vous êtes un benêt, un impudent.
ARNOLPHE.
Fort bien.

(*à Alain.*)
Je ne suis pas un homme à vouloir rien pour rien.
Je sçais, quand on me sert en garder la mémoire.
Cependant, par avance, Alain, voilà pour boire,
Et voilà pour t'avoir, Georgette, un cotillon.
(*Ils tendent tous deux la main & prennent l'argent.*)
Ce n'est de mes bienfaits qu'un simple échantillon,
Toute la courtoisie enfin dont je vous presse,
C'est que je puisse voir votre belle maîtresse.
GEORGETTE *le poussant.*
A d'autres.
ARNOLPHE.
Bon cela.
ALAIN *le poussant.*
Hors d'ici.

COMEDIE.

ARNOLPHE.
Bon.

GEORGETTE *le pouſſant*.
Mais tôt.

ARNOLPHE.
Bon. Holà, c'eſt aſſez.

GEORGETTE.
Fais-je pas comme il faut ?

ALAIN.
Eſt-ce de la façon que vous voulez l'entendre ?

ARNOLPHE.
Oui, fort bien, hors l'argent qu'il ne falloit pas
prendre.

GEORGETTE.
Nous ne nous ſommes pas ſouvenus de ce point.

ALAIN.
Voulez-vous qu'à l'inſtant nous recommencions ?

ARNOLPHE.
Point
Suffit. Rentrez tous deux.

ALAIN.
Vous n'avez rien qu'à dire.

ARNOLPHE.
Non, vous dis-je, rentrez, puiſque je le deſire.
Je vous laiſſe l'argent. Allez. Je vous rejoins.
Ayez bien l'œil à tout, & ſecondez mes ſoins.

SCENE V.

ARNOLPHE *ſeul*.

JE veux pour eſpion qui ſoit d'exacte vue,
Prendre le ſavetier du coin de notre rue.
Dans la maiſon toujours je prétends la tenir,
Y faire bonne garde, & ſur-tout en bannir
Vendeuſes de rubans, perruquieres, coëffeuſes,
Faiſeuſes de mouchoirs, gantieres, revendeuſes,

Tous ces gens qui fous main travaillent chaque jour
A faire réuſſir les myſteres d'amour.
Enfin j'ai vu le monde, & j'en ſçais les fineſſes.
Il faudra que mon homme ait de grandes adreſſes,
Si meſſage ou poulet de ſa part peut entrer.

SCENE VI.

HORACE, ARNOLPHE.

HORACE.

LA place m'eſt heureuſe à vous y rencontrer.
Je viens de l'échapper bien belle, je vous jure.
Au ſortir d'avec vous, ſans prévoir l'aventure,
Seule dans ſon balcon j'ai vu paroître Agnès
Qui des arbres prochains prenoit un peu le frais.
Après m'avoir fait ſigne, elle a ſçu faire enſorte,
Deſcendant au jardin, de m'en ouvrir la porte :
Mais à peine tous deux dans ſa chambre étions-
  nous,
Qu'elle a ſur les dégrés entendu ſon jaloux,
Et tout ce qu'elle a pu, dans un tel acceſſoire,
C'eſt de me renfermer dans une grande armoire.
Il eſt entré d'abord ; je ne le voyois pas,
Mais je l'oyois marcher, ſans rien dire, à grands pas,
Pouſſant de tems en tems des ſoupirs pitoyables,
Et donnant quelquefois de grands coups ſur les ta-
  bles,
Frappant un petit chien qui pour lui s'émouvoit,
Et jettant bruſquement les hardes qu'il trouvoit.
Il a même caſſé, d'une main mutinée,
Des vaſes dont la belle ornoit ſa cheminée,
Et ſans doute il faut bien qu'à ce becque cornu,
Du trait qu'elle a joué, quelque jour ſoit venu.

Enfin, après vingt tours, ayant de la maniere,
Sur ce qui n'en peut mais, déchargé sa colere,
Mon jaloux inquiet, sans dire son ennui,
Est sorti de la chambre, & moi de mon étui.
Nous n'avons point voulu, de peur du personnage.
Risquer à nous tenir ensemble davantage,
C'etoit trop hasarder : mais je dois cette nuit,
Dans sa chambre un peu tard m'introduire sans bruit.
En toussant par trois fois je me ferai connoître,
Et je dois au signal voir ouvrir la fenêtre,
Dont, avec une échelle, & secondé d'Agnès,
Mon amour tâchera de me gagner l'accès.
Comme à mon seul ami, je veux bien vous l'apprendre.
L'allégresse du cœur s'augmente à la répandre,
Et gouta-t-on cent fois un bonheur tout parfait,
On n'en est pas content, si quelqu'un ne le sçait.
Vous prendrez part, je pense, à l'heure de mes affaires.
Adieu. Je vais songer aux choses nécessaires.

SCENE VII.
ARNOLPHE seul.

Quoi, l'astre qui s'obstine à me désespérer,
Ne me donnera pas le tems de respirer ?
Coup sur coup je verrai, par leur intelligence,
De mes soins vigilans confondre la prudence,
Et je serai la dupe, en ma maturité,
D'une jeune innocente & d'un jeune éventé ?
En sage philosophe on m'a vu vingt années
Contempler des maris les tristes destinées,
Et m'instruire avec soin de tous les accidens
Qui font dans le malheur tomber les plus prudens.
Des disgraces d'autrui profitant dans mon ame,

J'ai cherché les moyens, voulant prendre une femme,
De pouvoir garantir mon front de tous affronts,
Et le tirer de pair d'avec les autres fronts :
Pour ce noble dessein, j'ai cru mettre en pratique
Tout ce que peut trouver l'humaine politique ;
Et, comme si du sort il étoit arrêté
Que nul homme ici bas n'en seroit exempté,
Après l'expérience & toutes les lumieres
Que j'ai pu m'acquérir sur de telles matieres,
Après vingt ans & plus de méditation
Pour me conduire en tout avec précaution,
De tant d'autres maris j'aurois quitté la trace
Pour me trouver après dans la même disgrace ?
Ah ! bourreau de destin, vous en aurez menti.
De l'objet qu'on poursuit, je suis encor nanti ;
Si son cœur m'est volé par ce blondin funeste,
J'empêcherai du moins qu'on s'empare du reste,
Et cette nuit, qu'on prend pour ce galant exploit,
Ne se passera pas si doucement qu'on croit.
Ce m'est quelque plaisir, parmi tant de tristesse,
Que l'on me donne avis du piege qu'on me dresse,
Et que cet étourdi, qui veut m'être fatal,
Fasse son confident de son propre rival.

SCENE VIII.

CHRISALDE, ARNOLPHE.

CHRISALDE.

HÉ bien souperons-nous avant la promenade ?

ARNOLPHE.

Non. Je jeûne ce soir.

CHRISALDE.

D'où vient cette boutade ?

COMEDIE.

ARNOLPHE.
De grace, excufez-moi, j'ai quelqu'autre embarras.
CHRISALDE.
Votre hymen réfolu ne fe fera-t-il pas :
ARNOLPHE.
C'eft trop s'inquiéter des affaires des autres.
CHRISALDE.
Oh, oh ! Si brufquement ! Quels chagrins font les vôtres ?
Seroit-il point, compere, à votre paffion,
Arrivé quelque peu de tribulation ?
Je le jurerois prefque à voir votre vifage.
ARNOLPHE.
Quoiqu'il m'arrive, au moins aurai-je l'avantage
De ne pas reffembler à de certaines gens,
Qui fouffrent doucement l'approche des galans.
CHRISALDE.
C'eft un étrange fait qu'avec tant de lumieres,
Vous vous effarouchiez toujours fur ces matieres,
Qu'en cela vous mettiez le fouverain bonheur,
Et ne conceviez point au monde d'autre honneur.
Être avare, brutal, fourbe, méchant & lâche,
N'eft rien à votre avis auprès de cette tache ;
Et de quelque façon qu'on puiffe avoir vécu,
On eft homme d'honneur, quand on eft point cocu.
A le bien prendre au fonds, pourquoi voulez-vous croire
Que de ce cas fortuit dépende notre gloire,
Et qu'une ame bien née ait à fe reprocher
L'injuftice d'un mal qu'on ne peut empêcher ?
Pourquoi voulez-vous, dis-je, en prenant une femme,
Qu'on foit digne à fon choix de louange ou de blâme,
Et qu'on s'aille former un monftre plein d'effroi,
De l'affront que nous fait fon manquement de foi ?
Mettez-vous dans l'efprit qu'on peut du cocuage
Se faire en galant homme une plus douce image,

Que, des coups du hasard aucun n'étant garant,
Cet accident de soi doit être indifférent,
Et qu'enfin tout le mal, quoique le monde glose,
N'est que dans la façon de recevoir la chose,
Et, pour se bien conduire en ces difficultés,
Il y faut, comme en tout, fuir les extrémités,
N'imiter pas ces gens un peu trop débonnaires
Qui tirent vanité de ces sortes d'affaires,
De leurs femmes toujours vont citant les galans,
En font par tout l'éloge, & prônent leurs talens,
Témoignent avec eux d'étroites sympathies,
Sont de tous leurs cadeaux, de toutes leurs parties,
Et font qu'avec raison les gens sont étonnés
De voir leur hardiesse à montrer là leur nez.
Ce procédé sans doute est tout-à-fait blâmable;
Mais l'autre extrémité n'est pas moins condamnable.
Si je n'approuve pas ces amis des galans,
Je ne suis pas aussi pour ces gens turbulens
Dont l'imprudent chagrin qui tempête & qui gronde,
Attire au bruit qu'il fait, les yeux de tout le monde,
Et qui, par cet éclat, semblent ne pas vouloir
Qu'aucun puisse ignorer ce qu'ils peuvent avoir.
Entre ces deux partis, il en est un honnête,
Où, dans l'occasion, l'homme prudent s'arrête;
Et, quand on le sçait prendre, on n'a point à rougir
Du pis dont une femme avec nous puisse agir.
Quoiqu'on en puisse dire enfin, le cocuage
Sous des traits moins affreux aisément s'envisage,
Et, comme je vous dis, toute l'habileté
Ne va qu'à le sçavoir tourner du bon côté.

ARNOLPHE.

Après ce beau discours, toute la confrairie
Doit un remerciment à votre Seigneurie;
Et quiconque voudra vous entendre parler,
Montrera de la joie à s'y voir enrôler.

CHRISALDE.

Je ne dis pas cela ; car c'est ce que je blâme :
Mais, comme c'est le sort qui nous donne une femme,
Je

COMEDIE.

Je dis que l'on doit faire ainsi qu'au jeu de dez,
Où, s'il ne vous vient pas ce que vous demandez,
Il faut jouer d'adresse, & d'une ame réduite,
Corriger le hasard par la bonne conduite.

ARNOLPHE.

C'est-à-dire, dormir & manger toujours bien,
Et se persuader que tout cela n'est rien.

CHRISALDE.

Vous pensez vous moquer : mais, à ne vous rien
  feindre,
Dans le monde je vois cent choses plus à craindre,
Et dont je me ferois un bien plus grand malheur,
Que de cet accident qui vous fait tant de peur.
Pensez-vous qu'à choisir de deux choses prescrites,
Je n'aimasse pas mieux être ce que vous dites,
Que de me voir mari de ces femmes de bien
Dont la mauvaise humeur fait un procès sur rien,
Ces dragons de vertu, ces honnêtes diablesses,
Se retranchant toujours sur leurs sages prouesses,
Qui, pour un petit tort qu'elles ne nous font pas,
Prennent droit de traiter les gens de haut en bas,
Et veulent, sur le pied de nous être fidelles ?
Que nous soyions tenus de tout endurer d'elles ?
Encore un coup, compere, apprenez qu'en effet
Le cocuage n'est que ce que l'on le fait,
Qu'on peut le souhaiter pour de certaines causes,
Et qu'il a ses plaisirs comme les autres choses.

ARNOLPHE.

Si vous êtes d'humeur à vous en contenter,
Quant à moi, ce n'est pas la mienne d'en tâter :
Et plutôt que subir une telle aventure...

CHRISALDE.

Mon Dieu, ne jurer point de peur d'être parjure.
Si le sort l'a réglé, vos soins sont superflus,
Et l'on ne prendra pas votre avis là-dessus.

ARNOLPHE.

Moi, je serois cocu ?

Tome II.

CHRISALDE.

Vous voilà bien malade;
Mille gens le font bien, sans vous faire bravade,
Qui de mine, de cœur, de biens & de maison,
Ne feroient avec vous nulle comparaison.

ARNOLPHE.

Et moi, je n'en voudrois avec eux faire aucune ;
Mais cette raillerie, en un mot, m'importune,
Brisons-là, s'il vous plaît.

CHRISALDE.

Vous êtes en courroux.
Nous en sçaurons la cause. Adieu. Souvenez-vous,
Quoi que sur ce sujet votre honneur vous inspire,
Que c'est être à demi ce que l'on vient de dire,
Que de vouloir jurer qu'on ne le fera pas.

ARNOLPHE.

Moi, je le jure encore, & je vais de ce pas
Contre cet accident trouver un bon remede.
(*Il court heurter à sa porte.*)

SCENE IX.
ARNOLPHE, ALAIN, GEORGETTE.
ARNOLPHE.

Mes amis, c'est ici que j'implore votre aide ;
Je suis édifié de votre affection,
Mais il faut qu'elle éclate en cette occasion,
Et, si vous m'y servez selon ma confiance,
Vous êtes assurés de votre récompense.
L'homme que vous sçavez, n'en faites point de
  bruit,
Veut, comme je l'ai sçu, m'attraper cette nuit,
Dans la chambre d'Agnès entrer par escalade ;
Mais il lui faut, nous trois, dresser une embuscade,
Je veux que vous preniez chacun un bon bâton,

Et quand il sera près du dernier échelon,
Car dans le tems qu'il faut j'ouvrirai la fenêtre,
Que tous deux à l'envi vous me chargiez ce traître,
Mais d'un air dont son dos garde le souvenir,
Et qui lui puisse apprendre à n'y plus revenir ;
Sans me nommer pourtant en aucune maniere,
Ni faire aucun semblant que je serai derriere.
Auriez-vous bien l'esprit de servir mon courroux ?
ALAIN.
S'il ne tient qu'à frapper, Monsieur, tout est à nous,
Vous verrez, quand je bas, si j'y vais de main morte.
GEORGETTE.
La mienne, quoiqu'aux yeux elle semble moins forte,
N'en quitte pas sa part à le bien étriller.
ARNOLPHE.
Rentrez donc, & sur-tout gardez de babiller.
(*seul.*)
Voilà pour le prochain une leçon utile ;
Et, si tous les maris qui sont dans cette ville
De leurs femmes ainsi recevoient le galant,
Le nombre des cocus ne seroit pas si grand.

Fin du quatrieme Acte.

ACTE V.

SCENE PREMIERE.
ARNOLPHE, ALAIN, GEORGETTE.

ARNOLPHE.

Traîtres, qu'avez-vous fait par cette violence ?

ALAIN.
Nous vous avons rendu, Monsieur, obéissance.

ARNOLPHE.
De cette excuse en vain vous voulez vous armer.
L'ordre étoit de le battre, & non de l'assommer ;
Et c'étoit sur le dos, & non pas sur la tête,
Que j'avois commandé qu'on fit choir la tempête.
Ciel ! Dans quel accident me jette ici le sort !
Et que puis-je résoudre à voir cet homme mort ?
Rentrez dans la maison, & gardez de rien dire
De cet ordre innocent que j'ai pu vous prescrire.
(seul.)
Le jour s'en va paroître, & je vais consulter
Comment dans ce malheur je me dois comporter.
Hélas ! Que deviendrai-je ? Et que dira le pere ?
Lors qu'inopinément il sçaura cette affaire ?

SCENE II.

HORACE, ARNOLPHE.

HORACE à part.

IL faut que j'aille un peu reconnoître qui c'est.
ARNOLPHE se croyant seul.
Eût-on j'amais prévu...
(heurté par Horace qu'il ne reconnoît pas)
              Qui va-là, s'il vous plaît ?
HORACE.
C'est vous, Seigneur Arnolphe ?
ARNOLPHE.
      Oui. Mais vous...
HORACE.
                      C'est Horace.
Je m'en allois chez vous vous prier d'une grace.
Vous sortez bien matin ?
ARNOLPHE bas à part.
                Quelle confusion !
Est-ce un enchantement ? Est-ce une illusion ?
HORACE.
J'étois, à dire vrai, dans une grande peine ;
Et je benis du ciel la bonté souveraine,
Qui fait qu'à point nommé je vous rencontre ainsi.
Je viens vous avertir que tout a réussi,
Et même beaucoup plus que je n'eusse osé dire,
Et par un incident qui devoit tout détruire.
Je ne sçais point par où l'on a pu soupçonner
Cette assignation qu'on m'avoit sçu donner ;
Mais, étant sur le point d'atteindre à la fenêtre,
J'ai, contre mon espoir, vu quelques gens paroître,
Qui, sur moi brusquement levant chacun le bras,
M'ont fait manquer le pied, & tomber jusqu'en bas ;

Et ma chûte, aux dépens de quelque meurtriſſure,
De vingt coups de bâton m'a ſauvé l'aventure.
Ces gens-là, dont étoit, je penſe, mon jaloux,
Ont imputé ma chûte à l'effort de leurs coups,
Et, comme la douleur, un aſſez long eſpace,
M'a fait, ſans remuer, demeurer ſur la place,
Ils ont cru tout de bon qu'ils m'avoient aſſommé,
Et chacun d'eux s'en eſt auſſi-tôt allarmé.
J'entendois tout le bruit dans le profond ſilence,
L'un l'autre ils s'accuſoient de cette violence,
Et, ſans lumiere aucune, en querellant le ſort,
Sont venus doucement tâter ſi j'étois mort.
Je vous laiſſe à penſer ſi, dans la nuit obſcure,
J'ai d'un vrai trépaſſé ſçu tenir la figure.
Ils ſe ſont retirés avec beaucoup d'effroi,
Et, comme je ſongeois à me retirer, moi,
De cette feinte mort la jeune Agnès émue,
Avec empreſſement eſt devers moi venue :
Car les diſcours qu'entr'eux ces gens avoient tenus
Juſques à ſon oreille étoient d'abord venus,
Et, pendant tout ce trouble étant moins obſervée,
Du logis aiſément elle s'étoit ſauvée :
Mais, me trouvant ſans mal, elle a fait éclater
Un tranſport difficile à bien repréſenter.
Que vous dirai-je enfin ? Cette aimable perſonne
A ſuivi les conſeils que ſon amour lui donne,
N'a plus voulu ſonger à retourner chez ſoi,
Et de tout ſon deſtin s'eſt commiſe à ma foi.
Conſidérez un peu, par ce trait d'innocence,
Où l'expoſe d'un fou la haute impertinence ;
Et quels fâcheux périls elle pourroit courir,
Si j'étois maintenant homme à la moins chérir.
Mais d'un trop pur amour mon ame eſt embraſée,
J'aimerois mieux mourir que l'avoir abuſée,
Je lui vois des appas dignes d'un autre ſort,
Et rien ne m'en ſçauroit ſéparer que la mort.
Je prévois là-deſſus l'emportement d'un pere,
Mais nous prendrons le tems d'appaiſer ſa colere,

A des charmes si doux je me laisse emporter,
Et dans la vie, enfin, il faut se contenter.
Ce que je veux de vous, sous un secret fidele,
C'est que je puisse mettre en vos mains cette belle,
Que dans votre maison, en faveur de mes feux,
Vous lui donniez retraite au moins un jour ou deux ;
Outre qu'aux yeux du monde il faut cacher sa fuite,
Et qu'on en pourroit faire une exacte poursuite,
Vous sçavez qu'une fille aussi de sa façon
Donne avec un jeune homme un étrange soupçon ;
Et comme c'est à vous, sûr de votre prudence,
Que j'ai fait de mes feux entiere confidence,
C'est à vous seul aussi, comme ami généreux,
Que je puis confier ce dépôt amoureux.

ARNOLPHE.
Je suis, n'en doutez point, tout à votre service.

HORACE.
Vous voulez bien me rendre un si charmant office ?

ARNOLPHE.
Très-volontiers, vous dis-je, & je me sens ravir
De cette occasion que j'ai de vous servir.
Je rends graces au ciel de ce qu'il me l'envoie,
Et n'ai jamais rien fait avec si grande joie.

HORACE.
Que je suis redevable à toutes vos bontés !
J'avois de votre part craint des difficultés :
Mais vous êtes du monde, & dans votre sagesse
Vous sçavez excuser le feu de la jeunesse.
Un de mes gens la garde au coin de ce détour.

ARNOLPHE.
Mais comment ferons-nous ? Car il fait un peu jour.
Si je la prends ici, l'on me verra peut-être,
Et, s'il faut que chez moi vous veniez à paroître,
Des valets causeront pour jouer au plus sûr,
Il faut me l'amener dans un lieu plus obscur,
Mon allée est commode, & je l'y vais attendre.

HORACE.
Ce sont précautions qu'il est fort bon de prendre.

Pour moi, je ne ferai que vous la mettre en main,
Et chez moi, sans éclat, je retourne soudain.
ARNOLPHE seul.
Ah, fortune ! ce trait d'aventure propice
Répare tous les maux que m'a fait ton caprice !
(*Il s'enveloppe le nez dans son manteau.*)

SCENE III.
AGNÈS, HORACE, ARNOLPHE.
HORACE à Agnès.

NE soyez point en peine où je vais vous mener.
C'est un logement sûr que je vous fais donner.
Vous loger avec moi ce seroit tout détruire,
Entrez dans cette porte, & laissez-vous conduire.
(*Arnolphe lui prend la main sans qu'elle le connoisse.*)
AGNÈS à Horace.
Pourquoi me quittez-vous ?
HORACE.
      Chere Agnès, il le faut.
AGNÈS.
Songez donc, je vous prie, à revenir bientôt.
HORACE.
J'en suis assez pressé par ma flamme amoureuse.
AGNÈS.
Quand je ne vous vois point, je ne suis point joyeuse.
HORACE.
Hors de votre presence, on me voit triste aussi.
AGNÈS.
Hélas ! S'il étoit vrai, vous resteriez ici.
HORACE.
Quoi ! Vous pourriez douter de mon amour extrême ?
AGNÈS.
Non, vous ne m'aimez pas autant que je vous aime.

(*Arnolphe la tire.*)
Ah ! l'on me tire trop.
HORACE.
C'est qu'il est dangereux,
Chere Agnès, qu'en ce lieu nous soyions vus tous
 deux ;
Et ce parfait ami, de qui la main vous presse,
Suit le zèle prudent qui pour nous l'intéresse.
AGNÈS.
Mais suivre un inconnu que…
HORACE.
N'appréhendez rien.
Entre de telles mains vous ne serez que bien.
AGNÈS.
Je me trouverois mieux entres celles d'Horace,
Et j'aurois…
(*à Arnolphe qui la tire encore.*)
Attendez.
HORACE.
Adieu. Le jour me chasse.
AGNÈS.
Quand vous verrai-je donc ?
HORACE.
Bientôt assurément.
AGNÈS.
Que je vais m'ennuyer jusques à ce moment !
HORACE *en s'en allant.*
Grace au Ciel, mon bonheur n'est plus en concur-
 rence,
Et je puis maintenant dormir en assurance.

SCENE IV.
ARNOLPHE, AGNÈS.

ARNOLPHE *caché dans son manteau, & déguisant sa voix.*

Venez, ce n'est pas-là que je vous logerai,
Et votre gîte ailleurs est par moi préparé,
Je prétends en lieu sûr mettre votre personne.
(*se faisant connoître.*)
Me connoissez-vous ?

AGNÈS.
Hai !

ARNOLPHE.
Mon visage, friponne,
Dans cette occasion rend vos sens effrayés,
Et c'est à contre-cœur qu'ici vous me voyez ;
Je trouble en ses projets l'amour qui vous possede.
(*Agnès regarde si elle ne verra point Horace.*)
N'appellez point des yeux le galant à votre aide,
Il est trop éloigné pour vous donner secours.
Ah, ah, si jeune encor, vous jouez de ces retours ?
Votre simplicité, qui semble sans pareille,
Demande si l'on fait les enfans par l'oreille ;
Et vous sçavez donner des rendez-vous la nuit,
Et pour suivre un galant vous évader sans bruit ?
Tu-Dieu ! Comme avec lui votre langue cajole !
Il faut qu'on vous ait mise à quelque bonne école.
Qui diantre tout d'un coup vous en a tant appris ?
Vous ne craignez donc plus de trouver des esprits,
Et ce galant, la nuit, vous a donc enhardie ?
Ah ! Coquine, en venir à cette perfidie !
Malgré tous mes bienfaits former un tel dessein !
Petit serpent que j'ai réchauffé dans mon sein,
Et qui, dès qu'il se sent, par une humeur ingrate
Cherche à faire du mal à celui qui le flatte.

COMEDIE.

AGNÈS.
Pourquoi me criez-vous?

ARNOLPHE.
J'ai grand tort en effet.

AGNÈS.
Je n'entends point de mal dans tout ce que j'ai fait.

ARNOLPHE.
Suivre un galant n'est pas une action infame?

AGNÈS.
C'est un homme qui dit qu'il me veut pour sa
   femme.
J'ai suivi vos leçons, & vous m'avez prêché
Qu'il faut se marier pour ôter le péché.

ARNOLPHE.
Oui. Mais pour femme, moi, je prétendois vous
   prendre,
Et je vous l'avois fait, me semble, assez entendre.

AGNÈS.
Oui. Mais à vous parler franchement entre nous,
Il est plus pour cela selon mon goût que vous.
Chez vous le mariage est fâcheux & pénible,
Et vos discours en font une image terrible;
Mais, las! il le fait, lui, si rempli de plaisirs,
Que de se marier il donne des desirs.

ARNOLPHE.
Ah! C'est que vous l'aimez, traîtresse.

AGNÈS.
                       Oui. Je l'aime.

ARNOLPHE.
Et vous avez le front de le dire à moi-même?

AGNÈS.
Et pourquoi, s'il est vrai, ne le dirois-je pas?

ARNOLPHE.
Le deviez-vous aimer, impertinente?

AGNÈS.
                       Hélas!
Est-ce que j'en puis mais? Lui seul en est la cause;
Et je n'y songeois pas, lorsque se fit la chose.

300 L'ÉCOLE DES FEMMES.

ARNOLPHE.
Mais il falloit chasser cet amoureux desir.

AGNÈS.
Le moyen de chasser ce qui fait du plaisir ?

ARNOLPHE.
Et ne sçaviez-vous pas que c'étoit me déplaire ?

AGNÈS.
Moi ? Point du tout. Quel mal cela vous peut-il faire ?

ARNOLPHE.
Il est vrai, j'ai sujet d'en être réjoui.
Vous ne m'aimez donc pas, à ce compte ?

AGNÈS.
       Vous ?

ARNOLPHE.
         Oui.

AGNÈS.
Hélas, non.

ARNOLPHE.
 Comment, non ?

AGNÈS.
     Voulez-vous que je mente ?

ARNOLPHE.
Pourquoi ne m'aimer pas, Madame l'impudente ?

AGNÈS.
Mon Dieu, ce n'est pas moi que vous devez blâmer ;
Que ne vous êtes-vous, comme lui, fait aimer ?
Je ne vous en ai pas empêché, que je pense.

ARNOLPHE.
Je m'y suis efforcé de tout ma puissance ;
Mais les soins que j'ai pris, je les ai perdus tous.

AGNÈS.
Vraiment, il en sçait donc là-dessus plus que vous ;
Car, à se faire aimer, il n'a point eu de peine.

ARNOLPHE *à part.*
Voyez comme raisonne & répond la vilaine !
Peste, une précieuse en diroit-elle plus ?
Ah ! je l'ai mal connue, ou, ma foi, là-dessus

COMEDIE.

Une sotte en sçait plus que le plus habile homme.
         (*à Agnès.*)
Puisqu'en raisonnement votre esprit se consomme ;
La belle raisonneuse, est-ce qu'un si long-tems
Je vous aurai pour lui nourrie à mes dépens ?
         AGNÈS.
Non. Il vous rendra tout jusques au dernier double.
         ARNOLPHE *bas à part.*
Elle a de certains mots où mon dépit redouble.
         (*haut.*)
Me rendra-t-il, coquine, avec tout son pouvoir,
Les obligations que vous pouvez m'avoir ?
         AGNÈS.
Je ne vous en ai pas de si grandes qu'on pense.
         ARNOLPHE.
N'est-ce rien que les soins d'élever votre enfance ?
         AGNÈS.
Vous avez-là dedans bien opéré vraiment,
Et m'avez fait en tout instruire joliment.
Croit-on que je me flatte, & qu'enfin, dans ma tête,
Je ne juge pas bien que je suis une bête ?
Moi-même j'en ai honte, &, dans l'âge où je suis,
Je ne veux point passer pour sotte, si je puis.
         ARNOLPHE.
Vous fuyez l'ignorance, & voulez, quoi qu'il coûte,
Apprendre du blondin quelque chose.
         AGNÈS.
                              Sans doute.
C'est de lui que je sçais ce que je peux sçavoir,
Et, beaucoup plus qu'à vous, je pense lui devoir.
         ARNOLPHE.
Je ne sçais qui me tient qu'avec une gourmade,
Ma main de ce discours ne venge la bravade.
J'enrage quand je vois sa piquante froideur,
Et quelques coups de poing satisferoient mon cœur.
         AGNÈS.
Hélas, vous le pouvez, si cela peut vous plaire.

ARNOLPHE *à part.*

Ce mot, & ce regard défarme ma colere,
Et produit un retour de tendreſſe de cœur,
Qui de ſon action efface la noirceur.
Choſe étrange d'aimer, & que, pour ces traîtreſſes,
Les hommes ſoient ſujets à de telles foibleſſes!
Tout le monde connoit leur imperfection,
Ce n'eſt qu'extravagance, & qu'indiſcrétion,
Leur eſprit eſt méchant, & leur ame fragile,
Il n'eſt rien de plus foible, & de plus imbécile,
Rien de plus infidele, & malgré tout cela,
Dans le monde on fait tout pour ces animaux-là.

(*à Agnès.*)

Hé bien, faiſons la paix. Va, petite traîtreſſe,
Je te pardonne tout, & te rends ma tendreſſe,
Confidere par-là l'amour que j'ai pour toi,
Et, me voyant ſi bon, en revanche, aime-moi.

AGNÈS.

Du meilleur de mon cœur, je voudrois vous complaire;
Que me coûteroit-il, ſi je le pouvois faire?

ARNOLPHE.

Mon pauvre petit cœur, tu le peux, ſi tu veux.
Ecoute ſeulement ce ſoupir amoureux;
Voi ce regard mourant, contemple ma perſonne,
Et quitte ce morveux, & l'amour qu'il te donne,
C'eſt quelque ſort qu'il faut qu'il ait jetté ſur toi,
Et tu ſeras cent fois plus heureuſe avec moi.
Ta forte paſſion eſt d'être brave & leſte,
Tu le ſeras toujours, va, je te le proteſte.
Sans ceſſe, nuit & jour, je te careſſerai,
Je te bouchonnerai, baiſerai, mangerai;
Tout comme tu voudras, tu te pourras conduire:
Je ne m'explique point, & cela, c'eſt tout dire.

(*bas à part.*)

Juſqu'où la paſſion peut-elle faire aller?

(*haut.*)

Enfin, à mon amour rien ne peut s'égaler.

COMEDIE.

Quelle preuve veux-tu que je t'en donne ingrate?
Me veux-tu voir pleurer? veux-tu que je me batte?
Veux-tu que je m'arrache un côté des cheveux?
Veux-tu que je me tue? oui, dis si tu le veux,
Je suis tout prêt, cruelle, à te prouver ma flamme.

AGNÈS.

Tenez, tous vos discours ne me touchent point l'ame;
Horace avec deux mots en feroit plus que vous.

ARNOLPHE.

Ah! c'est trop me braver, trop pousser mon cour-
    roux.
Je suivrai mon dessein, bête trop indocile,
Et vous dénicherez à l'instant de la ville.
Vous rebutez mes vœux, & me mettez à bout,
Mais un cul de couvent me vengera de tout.

SCENE V.
ARNOLPHE, AGNÈS, ALAIN.

ALAIN.

JE ne sçais ce que c'est, Monsieur, mais il me
    semble,
Qu'Agnès & le corps mort s'en sont allés ensemble.

ARNOLPHE.

La voici. Dans ma chambre allez me la nicher.
    (à part.)
Ce ne sera pas-là qu'il la viendra chercher;
Et puis, c'est seulement pour une demi-heure.
Je vais, pour lui donner une sûre demeure.
    (à Alain.)
Trouver une voiture. Enfermez-vous des mieux,
Et, sur-tout, gardez-vous de la quitter des yeux.
    (seul.)
Peut-être que son ame, étant dépaysée,
Pourra de cet amour être désabusée.

SCENE VI.
HORACE, ARNOLPHE.
HORACE.

AH! je viens vous trouver accablé de douleur.
Le ciel, Seigneur Arnolphe a conclu mon malheur;
Et, par un trait fatal d'une injustice extrême,
On me veut arracher de la beauté que j'aime.
Pour arriver ici, mon pere a pris le frais;
J'ai trouvé qu'il mettoit pied à terre ici près,
Et la cause, en un mot, d'une telle venue,
Qui, comme je disois, ne m'étoit pas connue,
C'est qu'il m'a marié, sans m'en écrire rien,
Et qu'il vient en ces lieux célebrer ce lien.
Jugez, en prenant part à mon inquiétude,
S'il pouvoit m'arriver un contre-tems plus rude.
Cet Enrique, dont hier je m'informois à vous,
Cause tous les malheurs dont je ressens les coups;
Il vient avec mon pere achever ma ruine,
Et c'est sa fille unique à qui l'on me destine.
J'ai dès leurs premiers mots pensé m'évanouir,
Et d'abord, sans vouloir plus long-tems les ouir
Mon pere ayant parlé de vous rendre visite,
L'esprit plein de frayeur, je l'ai devancé vîte.
De grace, gardez-vous de lui rien découvrir
De mon engagement qui le pourroit aigrir,
Et tâchez, comme en vous il prend grande créance,
De le dissuader de cette autre alliance.

ARNOLPHE.
Oui-dà.

HORACE.
Conseillez-lui de différer un peu,
Et rendez, en ami, ce service à mon feu.

COMEDIE.
ARNOLPHE.
Je n'y manquerai pas.
HORACE.
C'est en vous que j'espere
ARNOLPHE.
Fort bien.
HORACE.
Et je vous tiens mon vétitable pere.
Dites-lui que mon âge... Ah! je le vois venir.
Ecoutez les raisons que je puis vous fournir.

SCENE VII.

ENRIQUE, ORONTE, CHRISALDE, HORACE, ARNOPHE,

(*Horace & Arnolphe se retirent dans un coin du théatre, & parlent bas ensemble.*)

ENRIQUE à Chrisalde.

Aussi-tôt qu'à mes yeux je vous ai vu paroître,
Quand on ne m'eut rien dit, j'aurois sçu vous connoître.
J'ai reconnu les traits de cette aimable sœur,
Dont l'hymen autrefois m'avoit fait possesseur,
Et je serois heureux, si la parque cruelle
M'eût laissé ramener cette épouse fidelle,
Pour jouir avec moi des sensibles douceurs
De revoir tous les siens après nos longs malheurs.
Mais puisque du destin la fatale puissance
Nous prive pour jamais de sa chere presence,
Tâchons de nous résoudre, & de nous contenter
Du seul fruit amoureux qui m'en est pu rester.
Il vous touche de près, & sans votre suffrage
J'aurois tort de vouloir disposer de ce gage.

Le choix du fils d'Oronte eſt glorieux de ſoi,
Mais il faut que ce choix vous plaiſe comme à moi.
CHRISALDE.
C'eſt de mon jugement avoir mauvaiſe eſtime,
Que douter ſi j'approuve un choix ſi légitime.
ARNOLPHE à part à Horace.
Oui, je veux vous ſervir de la bonne façon.
HORACE à part à Arnolphe.
Gardez encore un coup.
ARNOLPHE à Horace.
     N'ayez aucun ſoupçon.
(Arnolphe quitte Horace pour aller embraſſer Oronte.)
ORONTE à Arnolphe.
Ah ! que cette embraſſade eſt pleine de tendreſſe !
ARNOLPHE.
Que je ſens à vous voir une grande allégreſſe !
ORONTE.
Je ſuis ici venu....
ARNOLPHE.
    Sans m'en faire recit,
Je ſçais ce qui vous mene.
ORONTE.
     On vous l'à déjà dit ?
ARNOLPHE.
Oui.
ORONTE.
 Tant mieux.
ARNOLPHE.
    Votre fils à cet hymen réſiſte,
Et ſon cœur prévenu n'y voit rien que de triſte,
Il m'a même prié de vous en détourner ;
Et moi, tout le conſeil que vous je puis donner,
C'eſt de ne pas ſouffrir que ce nœud ſe différe,
Et de faire valoir l'autorité de pere.
Il faut avec vigueur ranger les jeunes gens,
Et nous faiſons contr'eux à leur être indulgens.
HORACE à part.
Ah, traître !

COMEDIE. 307
CHRISALDE.
        Si son cœur a quelque répugnance,
Je tiens qu'on ne doit pas lui faire résistance.
Mon frere, que je crois, sera de mon avis.
ARNOLPHE.
Quoi ! se laissera-t-il gouverner par son fils ?
Est-ce que vous voulez qu'un pere ait la mollesse
De ne sçavoir pas faire obéir la jeunesse ?
Il seroit beau vraiment, qu'on le vît aujourd'hui
Prendre loi de qui doit la recevoir de lui.
Non, non, c'est mon intime, & sa gloire est la mienne ;
Sa parole est donnée, il faut qu'il la maintienne,
Qu'il fasse voir ici de fermes sentimens,
Et force de son fils tous les attachemens.
ORONTE.
C'est parler comme il faut ; & dans cette alliance,
C'est moi qui vous répond de son obéissance.
CHRISALDE à Arnolphe.
Je suis surpris, pour moi, du grand empressement
Que vous me faites voir pour son engagement,
Et ne puis deviner quel motif vous inspire....
ARNOLPHE.
Je sçais ce que je fais, & dis ce qu'il faut dire.
ORONTE.
Oui, oui, Seigneur Arnolphe, il est....
CHRISALDE.
                      Ce nom l'aigrit ;
C'est Monsieur de la Souche, on vous l'a déjà dit.
ARNOLPHE.
Il n'importe.
HORACE à part.
      Qu'entends-je ?
ARNOLPHE se tournant vers Horace.
                  Oui. C'est-là le mystere.
Et vous pouvez juger ce que je devois faire.
HORACE à part.
En quel trouble....

SCENE VIII.

ENRIQUE, ORONTE, CHRISALDE, HORACE, ARNOLPHE, GEORGETTE.

GEORGETTE.

Monsieur, si vous n'êtes auprès,
Nous aurons de la peine à retenir Agnès;
Elle veut à tous coups s'échapper, & peut-être
Qu'elle se pourroit bien jetter par la fenêtre.
ARNOLPHE.
Faites-la moi venir, aussi-bien de ce pas
(à Horace.)
Prétends-je l'emmener. Ne vous en fâchez pas.
Un bonheur continu rendroit l'homme superbe,
Et chacun à son tour, comme dit le proverbe.
HORACE à part.
Quels maux peuvent, ô ciel, égaler mes ennuis!
Et s'est-on jamais vu dans l'abyme où je suis!
ARNOLPHE à Oronte.
Pressez vîte le jour de la cérémonie,
J'y prends part, & déjà moi-même je m'en prie.
ORONTE.
C'est bien-là mon dessein.

SCENE IX.

AGNÈS, ORONTE, ENRIQUE, ARNOLPHE, HORACE, CHRISALDE, ALAIN, GEORGETTE.

ARNOLPHE *à Agnès.*

Venez, belle, venez,
Qu'on ne sçauroit tenir, & qui vous mutinez.
Voici votre galant, à qui, pour récompense,
Vous pouvez faire une humble & douce révérence.
   (*à Horace.*)
Adieu. L'événement trompe un peu vos souhaits,
Mais tous les amoureux ne sont pas satisfaits.

AGNÈS.

Me laissez-vous, Horace, emmener de la sorte?

HORACE.

Je ne sçais où j'en suis, tant ma douleur est forte.

ARNOLPHE.

Allons, causeuse, allons.

AGNÈS.

    Je veux rester ici.

ORONTE.

Dites-nous ce que c'est que ce myftere-ci :
Nous nous regardons tous, sans le pouvoir comprendre.

ARNOLPHE.

Avec plus de loisir je pourrai vous l'apprendre.
Jusqu'au revoir.

ORONTE.

   Où donc prétendez-vous aller?
Vous ne nous parlez point comme il nous faut parler.

ARNOLPHE.
Je vous ai conseillé, malgré tout son murmure,
D'achever l'hymenée.
ORONTE.
Oui, mais pour le conclure,
Si l'on vous a dit tout, ne vous a-t-on pas dit
Que vous avez chez vous celle dont il s'agit ;
La fille qu'autrefois, de l'aimable Angélique,
Sous des liens secrets eût le Seigneur Enrique ?
Sur quoi votre discours étoit-il donc fondé ?
CHRISALDE.
Je m'étonnois aussi de voir son procédé.
ARNOLPHE.
Quoi ?
CHRISALDE.
D'un hymen secret ma sœur eut une fille,
Dont on cacha le sort à toute la famille.
ORONTE.
Et qui, sous de feints noms, pour ne rien découvrir,
Par son époux, aux champs, fut donnée à nourrir.
CHRISALDE.
Et, dans ce tems, le sort lui déclarant la guerre,
L'obligea de sortir de sa natale terre.
ORONTE.
Et d'aller essuyer mille périls divers,
Dans ces lieux séparés de nous, par tant de mers.
CHRISALDE.
Où ses soins ont gagné ce que dans sa patrie
Avoient pu lui ravir l'imposture & l'envie.
ORONTE.
Et de retour en France, il a cherché d'abord
Celle à qui de sa fille il confia le sort.
CHRISALDE.
Et cette paysanne a dit avec franchise,
Qu'en vos mains à quatre ans elle l'avoit remise.
ORONTE.
Et qu'elle l'avoit fait, sur votre charité,
Par un accablement d'extrême pauvreté.

COMEDIE.

CHRISALDE.
Et lui, plein de tranſport, & d'allegreſſe en l'ame,
A fait juſqu'en ces lieux conduire cette femme.
ORONTE.
Et vous allez enfin la voir venir ici,
Pour rendre aux yeux de tous ce myſtere éclairci.
CHRISALDE à Arnolphe.
Je devine à peu près quel eſt votre ſupplice :
Mais le ſort en cela ne vous eſt que propice.
Si n'être point cocu vous ſemble un ſi grand bien ;
Ne vous point marier en eſt le vrai moyen.
ARNOLPHE s'en allant tout tranſporté, & ne pouvant parler.
Ouf.

SCENE DERNIERE.

ENRIQUE, ORONTE, CHRISALDE, AGNÈS, HORACE.

ORONTE.
D'Où vient qu'il s'enfuit ſans rien dire ?
HORACE.
Ah, mon pere,
Vous ſçaurez pleinement ce ſurprenant myſtere.
Le haſard en ſes lieux avoit exécuté
Ce que votre ſageſſe avoit prémédité.
J'étois, par les doux nœuds d'un amour mutuelle,
Engagé de parole avecque cette belle ;
Et c'eſt elle, en un mot, que vous venez chercher,
Et pour qui mon refus a penſé vous fâcher.
ENRIQUE.
Je n'en ai point douté d'abord que je l'ai vue ;
Et mon ame depuis n'a ceſſé d'être émue.

Ah! Ma fille, je céde à des transports si doux.
CHRISALDE.
J'en ferois de bon cœur, mon frere, autant qɩ
    vous ;
Mais ces lieux & cela ne s'accommodent guéres,
Allons dans la maison débrouiller ces mysteres,
Payer à notre ami ses soins officieux,
Et rendre grace au ciel qui fait tout pour le mieux.

Fin du Tome second.

www.ingramcontent.com/pod-product-compliance
Lightning Source LLC
Chambersburg PA
CBHW060404170426
43199CB00013B/1997